"文化创意+"产城融合发展

周瑜 刘春成 主编

图书在版编目（CIP）数据

"文化创意+"产城融合发展/周瑜，刘春成主编. -- 北京：知识产权出版社，2019.4

（"文化创意+"传统产业融合发展研究系列丛书/牛宏宝，耿秀彦主编. 第一辑）

ISBN 978-7-5130-6170-4

Ⅰ.①文… Ⅱ.①周…②刘… Ⅲ.①城市文化—研究—中国 Ⅳ.①C912.81

中国版本图书馆CIP数据核字（2019）第053064号

内容提要

城市是文化的容器，文化含蓄而渐进地浸润着城市的物质实体，而创意则成了宏大文化与精微现实之间的沟通桥梁。本书就宏观视角的文化与城市、中观视角的文化产业与城市经济、微观视角的创意活动与城市空间，提供了文化创意与城市融合发展的整体性理解。

责任编辑：李石华　　　　　　　　责任印制：刘译文

"文化创意+"传统产业融合发展研究系列丛书（第一辑）

牛宏宝　耿秀彦　主编

"文化创意+"产城融合发展
"WENHUA CHUANGYI+" CHANCHENG RONGHE FAZHAN

周　瑜　刘春成　主编

出版发行：	知识产权出版社 有限责任公司	网　　址：	http://www.ipph.cn
			http://www.laichushu.com
电　　话：	010-82004826		
社　　址：	北京市海淀区气象路50号院	邮　　编：	100081
责编电话：	010-82000860转8072	责编邮箱：	lishihua@cnipr.com
发行电话：	010-82000860转8101	发行传真：	010-82000893
印　　刷：	三河市国英印务有限公司	经　　销：	各大网上书店、新华书店及相关书店
开　　本：	720mm×1000mm　1/16	印　　张：	15
版　　次：	2019年4月第1版	印　　次：	2019年4月第1次印刷
字　　数：	280千字	定　　价：	55.00元

ISBN 978-7-5130-6170-4

出版权专有　侵权必究
如有印装质量问题，本社负责调换。

序言

　　未来的竞争，不仅仅是文化、科技和自主创新能力的竞争，更将是哲学意识和审美能力的竞争。文化创意产业作为"美学经济"，作为国家经济环节中的重要一环，其未来走势备受关注。

　　党的十八大提出"美丽中国"建设。党的十九大报告提出"推动新型工业化、信息化、城镇化、农业现代化同步发展""推动中华优秀传统文化创造性转化、创新性发展""不忘本来、吸收外来、面向未来、更好构筑中国精神、中国价值、中国力量，为人民提供精神指引"。毋庸置疑，未来，提高"国家内涵与颜值"，文化创意产业责无旁贷。

　　2014年1月22日，国务院总理李克强主持召开国务院常务会议部署推进文化创意和设计服务与相关产业融合发展。会议指出，文化创意和设计服务具有高知识性、高增值性和低消耗、低污染等特征。依靠创新，推进文化创意和设计服务等新型、高端服务业发展，促进与相关产业深度融合，是调整经济结构的重要内容，有利于改善产品和服务品质、满足群众多样化需求，也可以催生新业态、带动就业、推动产业转型升级。之后，"跨界""融合"就成了我国国民经济发展，推动传统产业转型升级的热词。但是，如何使文化更好地发挥引擎作用？文化如何才能够跨领域、跨行业地同生产、生活、生态有机衔接？如何才能引领第一产业、第二产业、第三产业转型升级？这些都成了我国经济结构调整关键期的重要且迫在眉睫的研究课题。

开展"'文化创意+'传统产业融合发展研究",首先要以大文化观、大产业观梳理出我国十几年来文化创意产业发展中存在的问题,再以问题为导向,找到问题的症结,给出解决问题的思路和办法。

我国发展文化创意产业至今已有十几个年头,十几年来,文化创意产业的发展虽然取得了非常显著的成就,但也存在一些发展中的困难和前进中的问题,制约了文化创意产业的更大、更好发展。习近平总书记的"美丽中国""文化自信""核心价值观"以及"培育新型文化业态和文化消费模式"的提出,无不体现党和国家对文化、文化产业以及文化创意产业的高度重视。2017年8月,北京市提出"把北京打造成全国文化创意产业引领区,打造成全国公共文化服务体系示范区"的发展思路,建设全国文化中心。这可以说再一次隆重地拉开了文化创意产业大发展的序幕,同时也为全国的城市发展和产业转型升级释放出发展的信号,指明了一个清晰的发展方向——建设文化引领下的城市与发展文化引领下的产业。

现在,到了认真回顾发展历程与展望未来的一个重要时间节点。当前,我们应该沉下心来,冷静地思考,回顾过去、展望未来。回顾过去是为了总结经验,发现不足,梳理思路,少走弯路,找出问题的症结;展望未来会使我们更有信心。回顾过去的十几年,大致可分为五个阶段。

第一阶段:798阶段。自2002年2月,美国罗伯特租下了798的120平方米的回民食堂,改造成前店后公司的模样。罗伯特是做中国艺术网站的,一些经常与他交往的人也先后看中了这里宽敞的空间和低廉的租金,纷纷租下一些厂房作为工作室或展示空间,798艺术家群体的"雪球"就这样滚了起来。由于部分厂房属于典型的现代主义包豪斯风格,整个厂区规划有序,建筑风格独特,吸引了许多艺术家前来工作、定居,慢慢形成了今天的798艺术区。2007年,随着党的十七大"文化大发展、大繁荣"战略目标的提出,全国各地的文化创意产业项目开始跃跃欲试,纷纷上马。

在这个阶段,人们一旦提起文化创意产业就会想起798艺术区;提起什么才是好的文化创意产业项目,人们也会认为798艺术区是个很好的范例。于是,全国各地负责文化产业的党政干部、企事业相关人员纷纷组成考察团到798艺术区参观、学习、考察,一一效仿,纷纷利用闲置的厂区、空置的车间、仓库引进艺术家,开始发展各自的文化创意产业。然而,几年下来,很多省市的"类798艺术区"不但产业发展效果不明显,有的甚至连艺术家也没有了。总之,大同小异,存活下来的很少。总体来说，这个阶段的优点是工业遗存得到了保护；缺点是盈利模式单一，产业发展效果不尽人意。

第二阶段：动漫游戏阶段。这个阶段涵盖时间最长，基本上可以涵盖2005—2013年，覆盖面最广，范围最大，造成一些负面影响。在这个阶段，文化创意产业领域又出现了一种普遍现象，人们一旦提起文化创意产业就一定会提到动漫游戏；一旦问到如何才能很好地发展文化创意产业，大多数人都认为打造文化创意产业项目就是打造动漫产业项目。于是，全国各省市纷纷举办"国际动漫节"，争先恐后建设动漫产业园，好像谁不建动漫产业园谁就不懂得发展文化创意产业，谁不建动漫产业园谁就跟不上时代的步伐。建设动漫产业园之势可谓是浩浩荡荡、势不可当。浙江建，江苏也建；河北建，河南也建；广东建，广西也建；山东建，山西也建。一时间，全国各省市恨不得都做同样的事，也就是人们都在做同样的生意，因此形成了严重的同质化竞争。几年下来，全国建了一批又一批动漫产业园，大多数动漫产业园基本上又是一个模式、大同小异：很多房地产开发商纷纷打着文化的牌子，利用国家政策，借助政策的支持，跑马圈地。其结果是不但动漫产业没发展起来，甚至是连个像样的产品都没有，结果导致很多动漫产业园又成了一个个空城。归纳一下，这个阶段的优点是游戏得到了很好的发展，尤其是网络游戏；缺点是动漫产业发展不尽人意，动漫产业园更是现状惨淡，可谓是一塌糊涂。

第三阶段：文艺演出、影视阶段。随着文化创意产业发展的不断深入，我国文化创意产业又开始进入文艺演出热阶段，在这个阶段一旦提起文化创意产业，人们又开始认为是文艺演出、文艺节目下乡、文艺演出出国、文艺演出走出去等，可谓是你方唱罢我登场，热闹非凡。在这个阶段，人们都又开始把目光投到文艺演出上，具体表现在传统旅游景点都要搞一台大型的文艺演出、各省市借助传统民俗节庆名义大搞文艺演出活动，甚至不惜巨资。2010年1月，随着国务院《国务院办公厅关于促进电影产业繁荣发展的指导意见》的出台，我国又开始掀起电影电视产业发展新高潮。有一项调查表明：2009年、2010年、2011年连续三年每年都拍1000多部影视剧，但是20%盈利、30%持平、50%赔钱，这还不包括那些没有被批准上映的影视剧。在全国各省市轰轰烈烈开拍各种各样题材的影视片的同时，一些对国家政策较为敏感的企业，尤其是房地产企业，也把目标瞄向了影视产业，开始建立影视产业园，于是影视产业园如雨后春笋般地出现在全国各省市。其形式同动漫产业园基本类同，不外乎利用政策的支持，变相跑马圈地。

这个阶段的优点是文艺演出、影视得到了相应的发展；缺点是大多数影视产业园名不副实。

第四阶段：无所适从阶段。2013年，经过前几个阶段后，可以说是直接把文化创意产业推入了一个尴尬的境地，其结果是导致文化创意产业直接进入第四个阶段。可以说，几乎是全国各地各级管理部门、各企事业单位、甚至是整个市场都进入了一个无所适从阶段。在这个阶段，人们认为什么都是文化创意产业，什么都得跟文化、创意挂钩，恨不得每个人都想从文化创意产业支持政策中分得一杯羹。总之，在这个阶段，政府犹豫了，不知道该引进什么项目了；企业犹豫了，不知道该向哪个方向投资了；更多的人想参与到文化创意产业中来，又不知道什么是文化、什么是创意、什么是文化创意产业，真可谓是全国上下无所适从。

第五阶段：跨界·融合阶段。2014年2月26日，《国务院关于推进文化创意和设计服务与相关产业融合发展的若干意见》的发布，真正把我国文化创意产业引向了一个正确的发展方向，真正把我国文化创意产业发展引入了一个正确发展轨道——跨界·融合的发展之路。如何跨界、如何融合？跨界就是指让文化通过创造性的想法，跨领域、跨行业与人们的生产、生活、生态有机衔接。融合就是让文化创意同第一产业、第二产业、第三产业有机、有序、有效融合发展。可以这么说，2014年是我国文化创意产业发展的一个新的里程碑，也是一个分水岭，对我国文化创意产业的良性发展产生了积极的促进作用。

回顾过去五个阶段，我们深深意识到，中国经济进入发展新阶段处在产业转型期，如何平稳转型落地、解决经济运行中的突出问题是改革的重点。现在，虽然经济从高速增长转为中高速增长，但是进入经济发展新常态，必须增加有效供给。文化产业、文化创意产业作为融合精神与物质、横跨实物与服务的新兴产业，推动供给侧结构性改革责无旁贷。

在经济新常态下，文化的产业化发展也进入了一个新常态，在产业发展新常态下，文化产业的发展也逐步趋于理性，文化、文化产业、文化创意产业的本质也逐渐清晰。随之而来的是文化产业的边界被逐渐打破，不再有局限，范围被逐渐升级和放大。因此，促使文化加快了跨领域、跨行业和第一产业、第二产业、第三产业有机、有序、有效融合发展的步伐。

在产业互联互通的背景下，文化创意产业并不局限于文化产业内部的跨界融合，而正在和农业、工业、科技、金融、数字内容产业、城乡规划、城市规划、建筑设计、国际贸易等传统行业跨界融合。文化资源的供应链、文化生产的价值链、文化服务的品牌链，推动了文化生产力的高速成长。

在产业大融合的背景下，文化创意产业以其强大的精神属性渐趋与其他产业融合，产业之间的跨界融合将能更好地满足人们日益增长的个性化需求。打通文化创意产业的上下游链条，提升企业市场化、产业化、集约化程度，是有效推动我国经济结构调整，产业结构转型升级的必然选择。

基于此，我们整合了来自于政府部门、高等院校、科研机构、领军行业等的相关领导、学者、专家在内的百余人的研究团队，就"'文化创意＋'传统产业融合发展"进行了为期三年的调查研究和论证，形成了一个较为完善的研究框架。调研期间，我们组成26个课题组，以问题为导向，有的放矢地针对国内外各大传统产业及相关行业进行实地调研，深入了解"文化创意＋"在传统产业发展中的定位、作用、重点发展领域以及相关项目。在调研成果基础上，我们从"农业""电力工业""旅游业""金融业""健康业""广告业""会展业""服饰业""动漫游戏""生态环境产业""产城融合""国际贸易"等26个角度，全方位剖析"文化创意＋"与传统产业融合发展的路径与模式，力图厘清"文化创意＋"与传统产业融合发展的当下与未来，找到我国经济结构调整、传统产业转型升级的重要突破口。

同时，在每个子课题内容上，从案例解析、专家对话与行业报告等多个层面进行叙述，研究根植于"文化创意＋"传统产业融合发展的实践过程，研究结果也将反作用于"文化创意＋"传统产业融合发展的实践，从提出问题入手，全面分析问题，对趋势进行研判。研究成果将能够为文化建设、文化产业转型升级、传统产业可持续发展的实际提供借鉴，最终探索出"文化创意＋"与传统产业融合发展的现实路径。

截至今日，已完成系列丛书的第一辑，共12分册，即《"文化创意＋"农业产业融合发展》《"文化创意＋"电力工业融合发展》《"文化创意＋"旅游业融合发展》《"文化创意＋"健康业融合发展》《"文化创意＋"金融业融合发展》《"文化创意＋"服饰业融合发展》《"文化创意＋"动漫游戏融合发展》《"文化创意＋"广告业融合发展》《"文化创意＋"会展业融合发展》《"文化创意＋"产城融合发展》《"文化创意＋"生态环境产业融合发展》《"文化创意＋"国际贸易融合发展》。其余的课题，将会陆续完成。

本套丛书紧紧围绕如何服务于党和国家工作大局，如何使文化产生更高生产力，如何使文化发挥引擎作用，引领第一产业、第二产业、第三产业转型升级展开，以问题为导向，本着去繁就简的原则，从文化创意产业的本质问题和26个相关行业融合发展两方面展开。

第一方面以大文化观、大产业观深刻剖析文化创意产业的本质。2016年3月，此课题被列入"十三五"国家重点出版物出版规划项目后，我们即组织专家学者，重新对文化创意产业的本质问题就以下几个核心方面进行了系统梳理。

1.文化创意产业的相关概念与定义

文化是人类社会历史发展过程中所创造的物质财富及精神财富的总和。是国家的符号，是民族的灵魂，是国家和民族的哲学思想，是城市与产业发展的引擎，更是供给侧的源头。

创意是指原创之意、首创之意。是智慧，是能量，是文化发展的放大器，是文化产业发展的灵魂，是传统产业转型升级的强心剂，更是新时代生产、生活、生态文明发展的核心生产力。

产业是指行业集群。是国家的支柱，是命脉，是人们赖以生存的根本，更是文化发展、国家经济结构调整的关键所在。

文化创意产业是把文化转化为更高生产力的行业集群。是文化产业与第一产业、第二产业、第三产业的整体升级和放大，是新时代最高级别的产业形态。

2.我国发展文化创意产业的意义

文化创意产业项目的规模和水平，体现了一个国家的核心竞争力，我国发展文化创意产业，对于调整优化我国产业结构，提高我国经济运行质量；传承我国优质文化，弘扬民族先进文化；丰富人民群众文化生活，提升人民群众文化品位，增强广大民众的历史使命感与社会责任感；培育新型文化业态和文化消费模式，引领一种全新而美好的品质生活方式；提升国家整体形象，提升我国在国际上的话语权，增强我国综合竞争力，促进传统产业的转型升级与可持续发展都具有重大战略意义。

3.我国发展文化创意产业的目的

我国发展文化创意产业的目的是使原有的文化产业更具智慧，更具内涵，更具魅力，更具生命力，更具国际竞争力，更能顺应时代发展需要；能够使文化发挥引擎作用，激活传统产业，引领其转型升级。

我国发展文化创意产业，从宏观上讲，是赶超世界先进发达国家水平，提升国家整体形象；从微观上讲，是缓解我国产业转型升级压力，弥补城市精神缺失，解决大城市病的问题；从主观上讲，是丰富人民群众文化生活，提升人民群众文化品位，使人民群众充分享受文化红利，缩小城乡居民待遇差距；从客观上讲，是全国人民自愿地接受新时代发展需要的产城融合，配合文化体制、城乡统筹一体化的改革。

总之，我国发展文化创意产业的最终目的是，把文化转化为更高生产力；把我国丰富、优质而正确的文化内容通过创造性的想法融入产品、产业发展的审美之中，融入人们的生产、生活、生态的审美之中，然后按照市场经济的规律，把它传播、植入、渗透到世界各地。

4.文化创意产业的经济属性、原则和规律

文化创意产业，说到底还是经济行为，既然是经济行为，就应该有经济属性，文化创意产业的经济属性是美学经济，因为文化创意产业的所有板块均涉及如何将丰富的文化内容创造性地融入其产品的审美之中。

美学经济是文化创意产业发展的规律和原则，也就是说原有产业由于美之文化的介入，会增加内涵、提升魅力并形成正确而强大的精神指引，以此促使产业链的无限延伸与裂变。文化创意产业所指的美是需要设计者、创作者等能够充分了解美的一般规律和原则，并遵循这个规律和原则。既然是规律就要遵循、既然是原则就不可违背，所以说文化创意产品必须是美的，不但表现形式美，更要内容美，也就是说一个好的文化创意产品必须是从内到外都是美的，因为美就是生产力。

5.文化创意的产品特点、产业特征、产业特性

产品特点：原创性，具有丰富、优质、正确、正能量的文化内涵，有一定的艺术欣赏价值和精神体验价值，低成本、高附加值，可以产生衍生品且其衍生品可大量复制、大规模生产，有一条完整的产业链。

产业特征：以文化为本源，以科技为后盾，以艺术体验为诉求，以市场为导向，以产业发展为出发点，以产业可持续发展为落脚点，以创意成果为核心价值，以美学经济为发展原则。对资源占用少，对环境污染小，对经济贡献大。

产业特性：以文化为价值链的基础，进行产业链的延伸与扩展，文化通过创意与相关产业融合使其产业链无限延伸并形成生物性裂变，从而使文化创意产业形成几何式增长。

第二方面了解文化创意与传统产业融合发展的方向、方式和方法。关于这方面内容，在各个分册中有详细阐述。

总之，我国文化创意产业的兴起，标志着生活艺术化、艺术生活化，产业文化化、文化产业化，产业城市化、城市产业化，文化城市化、城市文化化时期的到来；意味着文史哲应用化时期的开始；预示着一种全新而美好的品质消费时代的降临。基于此，在这样一个全新的历史时期，文化创意产业应如何发展？文化创意应如何引领传统产业转型升级？文化创意产业重点项目应如何打造？又如何把它合理规划并形成可持续发展产业？是我国经济发展的迫切需要；是直接关系到能否实现我国经济结构调整、传统产业转型升级并跨越式发展的需要；是我们如何顺应时代潮流，由"文化大国"向"文化强国"迈进的重大战略的需要；是我们有效践行"道路自信、理论自信、制度自信、文化自信"的需要。

在我国经济结构调整、传统产业转型升级的关键时期，要发展我国文化创意产业，就必须加快推进文化创意与传统优质产业融合发展的国际化进程，在生产方式和商业模式上与国际接轨；必须做到理论先行，尽快了解文化创意产业的本质，确立适合自身发展的商业模式；必须尽快提高文化创意产业项目的原创能力、管理水平、产业规模和国际竞争力，在国内与国际两个市场互动中，逐步向产业链上游迈进；在产业布局上，与国际、国内其他文化创意产业项目避免同质竞争，依托我国深厚而多元的文化优势、强大而充满活力的内需市场加之党和国家的高度重视、大力支持以及社会各界的积极参与。可以预见，一定会涌现出越来越多的属于我国自身的、优秀的独立品牌；必将会形成对我国经济结构调整、传统产业转型升级的巨大推动效应；必将会成为国际、国内一流的战略性新兴产业集聚效应的成功典范；也必将成为国际关注的焦点。

本套丛书的出版，将是新时代理论研究的一项破冰之举，是实现文化大发展、经济大融合、产业大联动、成果大共享的文化复兴的创新与实践。当然，一项伟大的工程还需要一个伟大的开端，更需要有一群敢为天下先的有志之士。纵观中国历史上的文化与产业复兴，没有先秦诸子百家争鸣，就没有两汉农业文明的灿烂；没有魏晋思想自由解放，就没有唐明经济的繁荣；没有宋明理学深刻思辨，就没有康乾盛世的生机盎然。基于此，才有了我们敢于破冰的勇气。

由于本人才疏学浅，其中不乏存在这样或那样的问题，还望各位同人多提宝贵意见和建议；希望能够得到更多有志之士的关注与支持；更希望"'文化创意+'

传统产业融合发展研究"这项研究成果，能够成为我国经济结构调整、产业结构转型升级最为实际的理论支撑与决策依据，能够成为行业较为实用的指导手册，为实现我国经济增长方式转变找到突破口。

最后，我谨代表"十三五"国家重点出版物出版规划项目"'文化创意+'传统产业融合发展研究系列丛书"课题组全体成员、本套丛书的主编向支持这项工作的领导、同人以及丛书责任编辑的辛勤付出表示衷心感谢！由衷地感谢支持我们这项工作的每一位朋友。

是为序！

耿秀彦

2019 年 3 月

前言

文化是城市文明的基因。在某种程度上讲，文化的城市比物质的城市影响力更大，正如雨果曾经说过，"文字历史会打败石头的历史"。贮存文化、流传文化和改造文化，大约就是城市的三个基本的使命。以研究竞争战略和优势著称的迈克尔·波特也强调，基于文化的优势是最根本、最难以替代和模仿、最持久和最核心的竞争优势。

当前，无论是在全球还是在中国，有超过一半人口生活在城市，并且该比例仍在不断增大。城市文化也因此代表了人类文化的主要部分。文化不只是城市"个性化的符号"，更是经济繁荣和社会稳定的基础。文化创意产业是城市文化发展的"内生"产业。进入后工业化时代，文化与经济高度融合，经济文化化和文化经济化的特征显著。随着全球化进程的加快，文化产业越来越成为国际文化影响力、竞争力的核心要素。作为一种战略性的产业，各国政府日益重视并推动文化产业的发展。在城市的发展转型过程中，文化产业与城市发展逐渐形成深刻的良性互动。

从20世纪下半叶开始，信息技术的发展使文化有了更生动的载体，并被自然而然地带入到科技进步、经济产业、社会生活的方方面面，形成了文化作为高端产业形态和先进生产力的发展现实和趋势。步入新时代，文化创意与城市产城融合发展的命题显得更为重要。习近平总书记在十九大报告中做出了"我国社会主要矛盾已经转化为人民日益增长的美好生活需要和不平衡不充分的发展之间的矛盾"的崭新论断，而文化产业毫无疑问是满足人民美好生活需要的重要内容。德国著名哲学家海德格尔提出，人类应该"诗意地栖居于这片大地"，文化正是诗意栖居之所在。

然而，文化与城市之间存在宏观叙述与微观实践的脱节。文化在城市中的浸润是含蓄和渐进的，文化创意是两者之间的沟通桥梁。尽管文化创意对城市的重要性已被普遍认可，但是文化创意与城市发展的"融合"往往浮于表面，文化创意、创意产业（创意经济）、创意空间、创意城市之间的构成要素、形成机制和关联机理仍然较为模糊，研究成果仍然较为碎片化和脱节化，急须一个系统性思路加以集成。这正是本书的意图所在，即希望从宏观的文化与城市，到中观的文化创意产业与城市发展，再到微观的创意活动与城市空间，串联起本书各篇文章之间的逻辑主线，形成对文化创意与城市融合发展的整体性理解。

我们认为文化创意作为一种无处不在的思想活动，其实现形式与城市的融合发展必然没有一定之规。本书展现了城市规划、经济学、社会学、系统科学等多个学科视角对此的认知，章节之间既具有一定的独立性，存在自成一体的研究逻辑，又在整体上服从对文化创意与产城融合发展的系统理解，希望能为实践者带来启发。

本书的前五章首先从文化之于城市、之于产业、之于人的视角，对文化城市、文化产业、创意阶层、文化消费等议题分别进行研究，将文化创意与城市产城融合发展的基础构成贯穿起来；第六章借鉴复杂适应系统理论视角，将文化及文化创意与城市融合进行系统性和统合性分析；第七章至第十章针对城市规划应对、老城可持续发展、公共空间营造以及特色小镇建设等典型实践活动对本书主题进行了探讨；第十一章从感性视角细腻地展现了城市商务区与文化创意的相生相成；第十二章聚焦"创意城市"这一城市建设的新理念和新倡议在新加坡的实践经验。

城市的本质是人的聚集，城市因人而诞生，因人而繁荣，也可能因人而衰落。因此，城市应该以人为本，一切功能围绕人的需求展开，即从人本主义的视角去理解文化创意与产城融合发展。展望未来，面对不断颠覆现实生活的科技进步，面对人工智能社会的临近，相信原创性的创意劳动会成为我们可以坚守和引以为傲的独特优势，文化对于未来城市只会更加重要。当人类从大量繁杂的标准化劳动中解放出来后，在高度发达的生产力水平下，也许才能够真正实现在城市中诗意地栖居，既拥有眼前丰富的物质财富，又享有精神上的"诗与远方"。

目录

第一章　从功能城市到文化城市：激活城市的基因和灵魂

第一节　从功能城市到文化城市的内涵转变 /4

第二节　从功能城市到文化城市的现实意义 /6
 一、有助于增强大国自信 /6
 二、有助于促进社会和谐 /7
 三、有助于推动经济转型 /7
 四、有助于支撑空间优化 /8

第三节　从功能城市到文化城市的提升思路 /10
 一、坚持文化品牌塑造 /10
 二、注重文化生态保护 /10
 三、发展文化空间体系 /11
 四、融入城市规划实践 /12
 五、践行"新型城镇化" /12

第四节　从功能城市到文化城市的时代挑战 /14
 一、历史文化遗产的"保护"与"开发" /14
 二、文化创意产业的"内生"与"外化" /16
 三、互联网时代下的"激变"与"应对" /17

四、流行文化冲击的"求变"与"不变" /19

第二章 从理论研究到城市实践：发展文化产业成为共识

第一节 国内外研究反映出的理念差异 /23
　　一、国外研究注重"创意"手段 /23
　　二、国内研究注重"文化"内涵 /27
第二节 从文化到产业：文化是根、创意是魂、产业是实 /31
　　一、文化是根 /31
　　二、创意是魂 /31
　　三、产业是实 /32
第三节 从产业到城市：从经济发展需求到城市的应有之义 /33
　　一、文化产业对城市发展的重要价值 /33
　　二、文化产业需要城市提供支撑条件 /34
　　三、文化产业与城市互动发展的着眼点 /36

第三章 迈入后工业化社会：城市创意阶层的崛起

第一节 创意阶层的内涵——城市空间的主人 /40
　　一、创意工作者组成 /40
　　二、创意中的价值观 /41
　　三、崭新的管理模式 /43
第二节 创意的精神维度——内在的思考工具 /45
　　一、创意的来源与要素 /45
　　二、创意思维的技术方法 /46

三、从创意到创新的蜕变 /47

第三节　创意城市和生活——城市文化的功能 /49

一、创意产业聚集和创意社区构建 /49

二、文化动力成为生活方式新导向 /51

三、智能信息化改变城市结构功能 /51

第四节　创意产业和消费——经济发展的逻辑 /53

一、平台共享商业模式 /53

二、时代更迭的驱动力 /55

三、创意阶层消费选择 /56

第四章　新时代的城市文化新业态

第一节　消费时代的业态革命 /60

一、消费时代的来临 /60

二、消费时代的新业态 /61

第二节　文化新业态的崛起 /63

一、概念上的文化新业态 /63

二、传统文化业态的创新 /63

三、新场景中的文化新业态 /65

第三节　构建文化新生态 /68

一、小批量、定制化 /68

二、物质产品生产的智能化 /68

三、文化新业态引导供应链再造 /69

第四节　城市文化新业态的未来 /71

第五章　城市文化产业及其空间集聚的经济机理

第一节　城市文化产业发展的背景和态势 /74
　一、文化产业是提升城市文化功能的重要途径 /75
　二、文化产业与城市能级 /75
第二节　文化产业应成为高能级城市的主导产业 /78
　一、高能级城市具备文化产业发展的环境和要素禀赋条件 /78
　二、高能级城市文化产业发展的国际经验分析：以伦敦为例 /79
第三节　城市文化产业的空间集聚 /83
　一、产业集聚的一般分析：规模收益递增是经济空间
　　　形成的内在经济动因 /83
　二、文化产业集聚的主要动因：外部经济效应显著 /85
第四节　城市文化产业的空间集聚模式：文化产业功能区 /89
　一、文化产业功能区是城市文化产业发展的空间集聚模式 /89
　二、城市文化产业功能区发展的国际经验分析 /90

第六章　基于复杂适应系统视角的文化创意与城市融合发展

第一节　问题的提出：文化的隐匿是城市的迷途 /94
第二节　现有文化创意与城市融合发展的主要视角 /97
第三节　CAS 视角下文化创意与城市发展的系统融合 /100
　一、文化系统与城市系统有着共同的主体——人 /101
　二、文化系统与城市系统的"聚集"层次是重叠的 /102

三、文化系统与城市系统的融合呈现出非线性特征 /103

　　四、每一个城市系统都有特定文化系统作为标识 /104

　　五、要素在文化系统与城市系统之间贯穿流动 /105

　　六、文化系统与城市系统都有对"多样性"的终极追求 /106

　　七、文化系统与城市系统相互塑造着显性和隐性规则 /107

　　八、寻找文化系统与城市系统的融合发展的积木块 /108

第四节　融合发展是基于城市场景自下而上的系统涌现 /110

　　一、城市场景作为文化与城市系统融合的微观单元 /111

　　二、流动和连接是文化与城市融合发展的关键机制 /113

　　三、人的全面发展是文化与城市融合的终极目标 /114

117

第七章　现代文化潮流及城市规划的应对

第一节　现代文化潮流与城市的相互影响 /119

　　一、城市的文化性 /119

　　二、城市发展史与文化史 /119

　　三、现代文化及其特征 /120

　　四、信息时代互联网文化的演进 /121

第二节　现代文化对城市规划和建设的意义 /124

第三节　城市规划的合理应对 /127

　　一、融合传统与现代文化，优化城市形象 /127

　　二、发展文化创意，振兴城市产业 /128

　　三、建设现代文化设施，打造宜居生活品质 /128

　　四、通过大众文化推动公众参与 /128

第八章 老城可持续再生中的文化力量

第一节 文化传承与创新培育——历史街区的可持续再生 /133
　　一、国内外历史街区保护倡导概述 /133
　　二、文化与历史街区的作用机制 /134
第二节 文化经济与产业转型——产业的可持续再生 /139
　　一、产业转型或重构：文化创意产业与创意旅游 /140
　　二、产业空间再利用：旧厂改造与城市空间调整 /144

第九章 公共空间与文化创意产业结合产生"溢价"

第一节 中国城市发展进程 /150
　　一、中国城市化进程的现状 /150
　　二、中国城市发展的问题 /150
第二节 中国城市化进程中的文化与空间问题 /152
　　一、文化之于城市的意义 /152
　　二、中国城市化进程中的城市文化危机 /152
　　三、中国城市化进程中的城市消极空间 /153
第三节 文化创意在城市发展中的作用 /155
　　一、文化创意的含义与意义 /155
　　二、文化创意对于城市发展的作用 /155
第四节 文化创意与城市空间结合发展 /157
　　一、文化创意与城市空间的相关性 /157

二、文化创意与城市空间结合的方法与案例 /157

第五节　文化创意与城市空间结合的积极意义 /163

一、对于国家的积极意义 /163

二、对于城市的积极意义 /163

三、文化创意与城市空间结合产生的"齿轮效应" /164

第十章　文化创意促进特色小镇产城"无界"融合

第一节　文创产业促进特色小镇产城融合的特性研究 /166

一、高黏性促使功能融合 /166

二、高附加性激发要素融合 /167

三、延续性助力空间融合 /168

四、先进性确保路径融合 /169

第二节　文创产业促进特色小镇产城融合的具体要求 /170

一、全人群覆盖 /170

二、全时空联动 /172

三、全市场运作 /173

四、文创非万能，小镇需谨慎 /173

第十一章　感知视角下城市 CBD 与文化的相生相成

第一节　追本溯源：CBD 的文化基因 /178

一、与生俱来的商业气息 /178

二、对城市文化的吸收与革新 /179

第二节　见微知著：CBD 文化的整体感知 /181

一、文化映射人的需求 /181
　　二、CBD 文化现象的特征 /185
第三节　相生相成：从物质地标到精神地标 /189
　　一、文化在相互尊重与欣赏中"和而不同" /189
　　二、以创意激活文化，持续保持文化的活力 /190
　　三、让本土文化在 CBD 更富有鲜活的生命力 /191
　　四、"人情味"与"商业味"共存带来幸福感 /192

第十二章　创意城市建设的新加坡实践与启示

第一节　创意城市兴起的基础和发展理念 /194
　　一、创意城市的兴起源于城市转型与提升竞争力 /194
　　二、创意城市建设的理念是人本、创新与包容性 /195
第二节　新加坡构建创意城市的实践 /197
　　一、新加坡创意城市建设的起源 /197
　　二、新加坡创意城市建设的具体措施 /198
　　三、新加坡创意城市建设的成效 /205
　　四、新加坡经验对我国城市建设的启示 /208
第三节　展望创意城市的未来：新技术浪潮中的诗意栖居 /211

主要参考文献

后记

第一章 从功能城市到文化城市：激活城市的基因和灵魂

姜 鹏
国家发改委中国城市和小城镇改革发展中心规划院信息室主任、高级城市规划师

秦 静
国家发改委中国城市和小城镇改革发展中心规划院规划师

追溯人类历史，文明"自农业始，从都市兴"。无论是古希腊时期的雅典，还是盛唐时期的长安，都是由城市承载了灿烂的古代文明，创造了政治、文化奇迹，让近者悦，远者来。[①]从工业革命到近现代，城市进入快速发展期，特别是在西方国家战后的二三十年内，经济复苏和城市重建成为主旋律，以满足城市居住、工作、交通等基本功能为重心的"功能城市"理念成为发展主调，在中国改革开放的前二三十年里也是如此。但伴随城市的不断发展，功能城市理念越来越无法适应新需求和应对新问题，提升文化在城市发展中的地位，建设"文化城市"的呼声日益升高。到了20世纪中后期，文化驱动的"城市更新"已成为西方国家最常采用的城市复兴方式[②]，"欧洲文化之都"等评选活动更是将文化城市推向了世界舞台。

在中国当下发展语境里，文化城市有着不同于西方国家的着眼点与诉求。党的十八大以来，文化被提升到前所未有的高度，十九大报告更是强调："文化是一个国家、一个民族的灵魂。文化兴国运兴，文化强民族强。没有高度的文化自信，没有文化的繁荣兴盛，就没有中华民族伟大复兴。"国家如此，城市亦然。1944年，梁思成先生便在《为什么研究中国建筑》中写道："一个东方老国的城市，在建筑上如果完全失掉自己的艺术特性……事实上代表着我们的文化衰落。"中国自近代"五四运动"之后，文化教育和生活习惯日渐西化，但传统文化的框架和基础始终都在，证明中国文化具备自身优越性，只是不同城市的文化脉络需要认真梳理。就如吴良镛先生所言："每个城市如果真正地深入地研究自己的历史文化，总结其历史经验，捕捉当前发展的有利条件，创造性地制定发展战略，不失时机地集中地调动多方面的积极因素（包括文化优势）等，城市发展必将大有可为。"[③]经济发展能让城市变得强大，但唯有文化才能使城市变得伟大。事实上，一百年前近代实业家、教育家张謇就在南通系统实践了"建设中国一个理想文化城市"的理念，推进文化发展，泽惠后世，影响深远。

---

① 卢南峰，何怀宏，熊培云.雅典与长安：我们的城市该如何与文明一同前行［EB/OL］.（2017-08-23）［2018-03-09］.http：//www.thepaper.cn/newsDetail_forward_1771095.

② 陈慰，巫志南.从功能城市到文化城市："欧洲文化之都".公共文化建设研究［J］.山东大学学报，2017（5）.

③ 单霁翔.从"功能城市"走向"文化城市"［J］.中国名城，2008（1）.

先进的文化理念是经济发展、社会进步最重要的动力之一[①]，20世纪90年代，美国人约瑟夫·奈就提出，文化有利于增强城市的"软实力"。文化不只是城市"个性化的符号"，更是经济繁荣和社会稳定的基础，日渐成为推动新型城市建设的"新动能"。步入新时代，推进文化城市的研究和发展都势在必行。本章试图从近现代的功能城市概念出发，重点阐释从"功能城市"到"文化城市"的内涵转变、现实意义与提升思路，并提出重视四个方面的时代挑战。

---

① 祁述裕.党的十九大关于文化建设的四个突出特点［EB/OL］.（2017-12-01）［2018-03-10］. http://theory.people.com.cn/n1/2017/1201/c40531-29680137.html.

第一节 从功能城市到文化城市的内涵转变

功能城市和文化城市的理论框架，最早都是在西方城市发展语境下产生的。1933年国际现代建筑协会（CIAM）通过的《雅典宪章》标志着城市功能分区思想的确立，将居住、工作、游憩与交通确定为城市的四大功能[①]，单霁翔等学者将其视为功能城市概念提出的开端[②]。功能城市至今没有准确的学术定义，但其注重城市各功能区有机结合并保持平衡的理念，一直贯穿于世界各国城市的发展进程，至今仍发挥着重要的理论依据作用，影响范围之大，难有其他理论可比[③]。

但功能城市显然并不完美，很多学者逐渐倡导重视文化的作用，并将文化城市视为功能城市的升华。《雅典宪章》源于勒·柯布西耶的现代主义思想，而柯布西耶一直将城市视为机器，一切以效率为先，对人性、人文的关注严重不足。这种现代主义城市思想在当时的历史条件下确实体现出优势，但也引发了不少问题。"粗暴式"的城市开发越来越不被民众所接收，而城市发展中对于人文的漠视，诱发了大量社会问题。在此背景下，以简·雅各布斯、刘易斯·芒福德为代表的一系列社会活动家、学者提出，人文主义思想应成为城市发展的核心。芒福德在城市研究方面造诣颇深，因发表《城市文化》一书享誉世界，被奉为"文化城市之父"。不同于功能城市简单将交通、居住等功能作为城市规划的主要目的，芒福德认为文化是城市的本质功能，包括"文化保存、文化传播和交流、文化创造和文

[①] 陈慰，巫志南.从功能城市到文化城市："欧洲文化之都".公共文化建设研究[J].山东大学学报，2017（5）.

[②] 单霁翔.从"功能城市"走向"文化城市"[J].中国名城，2008（1）.

[③] 蔡绍洪，李莉，解伏菊.大中城市从功能城市到文化城市的可持续发展之路[J].经济纵横，2010（11）.

化发展",强调文化既是城市发生的原始驱动力,也是城市发展的最后目的。[①]

"文化城市"概念首次被明确提出,是在1985年举行的欧洲联盟文化部长会议上,目的是提升文化在城市发展中的地位。城市的社会属性、经济属性,即人类社会发展追求的公平公正与幸福和谐,本质上都是一种文化。文化发展不仅为城市核心竞争力的提升提供精神动力和智力支持,也因创造经济价值、改善城市环境而强化城市的文化功能。[②] 当前世界各国都愈加重视文化城市发展,许多重量级城市纷纷从自身发展角度提出了文化发展的策略、要求和目标[③],伦敦甚至在2005年将自身定位为"文化城市"。文化竞争力的重要性已经越发凸显。[④]

就国内而言,对功能城市转向文化城市也有较多研究和实践。据中国知网的"文化城市"主题词搜索显示,原故宫博物院院长(原国家文物局局长)单霁翔是国内较早研究文化城市的学者,其文章被广泛引用。单霁翔明确提出了"从功能城市到文化城市"的理念,但其研究更多聚焦于文化遗产保护,缺乏对于文化城市建设的内涵、意义和实现路径的系统研究。理论探索方面,多见一些局部思考,如陈然、张鸿雁通过对比沪、宁、杭三个城市文化软实力的构建路径,得出三点结论:文化的涵容性是基础,强化特色优势是切入点,全球视野和国际化意识是重要动力、文化的资本转化能力是永续动力[⑤]。实践方面,国内很多城市正在有意无意地从功能城市向文化城市转变,如北京在历版城市总体规划修编的城市定位中,不断剥离了大部分的经济职能,而始终保留"文化中心"为其核心定位之一。

---

① 刘新静.文化城市研究的现状及深化路径[J].上海师范大学学报,2012(6).

② 蔡绍洪,李莉,解伏菊.大中城市从功能城市到文化城市的可持续发展之路[J].经济纵横,2010(11).

③ 单霁翔.从"功能城市"走向"文化城市"[J].中国名城,2018(1).

④ 薛睿.论我国文化城市发展的经济政策[J].陕西行政学院学报,2010(4).

⑤ 陈然,张鸿雁.特色文化视角下的城市软实力建构——以沪宁杭为例[J].城市问题,2014(12).

第二节　从功能城市到文化城市的现实意义

千年岳阳，让人记住的不是城，而是范仲淹那句"先天下之忧而忧，后天下之乐而乐"；千年滁州，让人记住的也不是城，而是欧阳修的《醉翁亭记》。高楼是城市的物理地标，而文化则是彰显城市魅力的"精神地标"。就像成都这个大都市，城里城外的人们真正记住的，不是那些通衢大道或者摩天高楼，而是城中小小的"宽窄巷"。又如四大古城里面积最小的阆中，令人留下最深印象的便是"风水文化"。其实，文化之于城市的意义，远不止是"个性化的符号"。

一、有助于增强大国自信

历史上，中国一直是世界文化最繁盛的国家之一，盛唐长安、北宋汴梁、南宋临安等许多城市，都在文化方面具备世界级影响力；而文化自信会促进大国自信，盛唐及两宋时期的中国是公认的世界大国。但在经历了近现代动荡之后，中国城市里斩断传统、毁灭旧址的事情屡见不鲜，包括诸多从乡村、集镇生长起来的新生城市，存在非常普遍的文化断层。历史上的雄壮辉煌、名人胜迹，如今只能存在于空荡荡的、修复或者仿造的城市、街区或村镇中，甚至是冷清清的文字影像或口传说教里，非常让人痛心，这些现象正是文化不自觉、不自信的表征与恶果。[1]

城市（群）是一个国家发展的重要载体，城市盛而国家兴，城市的发展担负着国家复兴和民族复兴的重任。而文化城市建设甚至可以帮助一个城市成为国家的名片。如纽约之于美国，是美国梦的真实象征；巴黎之于法国，是法兰西风情

---

[1] 姜鹏. 艺术·文化·城市：基于现实选择的认知片段[J]. 北京规划建设，2016（11）.

的集中体现。作为文化城市发展的核心内容,文化复兴还有助于建立大国自信。在"英国城市工作小组"1998年编撰的《迈向城市的文艺复兴白皮书》中,城市的文化复兴被提升到比肩"文艺复兴"的高度,足以凸显其重要地位。因此,对于现阶段的中国而言,建设文化城市有助于加速实现中国梦和增强大国自信。

二、有助于促进社会和谐

时至今日,城市的价值取向,即城市为谁建的问题,已经愈发无法回避。长久以来,城市的管理者和规划师习惯于将城市简单视为物质空间载体,并不与其平等认真地"交流",导致了很多问题的发生,如城市病、房价居高不下、收入分化、信仰缺失等。应对这些难题,必须愈加关注内在的城市活力与精神。城市文化是生活在这座城市中的居民共同创造的,每个人既是文化的消费者,也是文化的创造者;而城市的既有文化也会深深改变信赖它的人们。人们之所以聚集到城市,除了因为生存外,还因为梦想,或者称之为信仰,这是人们奋斗的支柱。众人的信仰投射到城市,就形成了城市的文化。① 因此,文化像血液一样充斥在经济社会生活的方方面面,要学会更多地从社会文化的角度思考城市问题。

世界上很多城市的发展思路正从物质建设转向情感关怀,如伦敦提出"关爱积极的社区:承诺健康和幸福",纽约提出"构建强大公正的城市",巴黎强调"愉悦吸引凝聚健壮"。重视文化,践行文化城市战略,将文化作为维系公共关系的纽带,不断探索制度创新、文化创新、服务创新,可以激发居民的主人翁精神,稳定城市人口构成,这对于身处城市转型期的中国城市非常重要。

三、有助于推动经济转型

中央经济工作会议明确提出了经济发展新常态9大特征和8个"更加注

---

① 姜鹏.[城市问诊3]以成都为例,看城市如何"因人而兴"[EB/OL].(2016-09-12)[2018-03-10]. http://sike.news.cn/statics/sike/posts/2016/09/219506102.html.

重"，提出市场竞争正在逐步转向质量型、差异化为主的竞争，明确要求城市促改革调结构，文化城市便是一个很好的发展导向。文化对于城市经济社会发展的推动力越来越突出，越来越明显，文化竞争力正在成为城市竞争的核心力量，现在很多国际知名机构在发布国际城市竞争力排名时，都会将文化作为重要的考量因素。

而进入新常态，在现行产业结构下，需要树立正确的发展导向，主动应对各种需求，借助文化城市战略，大力发展文化创意产业，培育和促进文化的创意、生产和消费，增强城乡公共文化发展动力，创造更多就业机会，对冲经济转轨压力，保持城市的凝聚力。

从国外的发展实践来看，纽约、伦敦等城市将文化作为提升城市竞争力的关键要素，依托文化事业发展全面提高居民的生活品质，依托文化的凝聚力和感召力维护社会稳定，依托文化的发展来推动城市经济繁荣，取得了显著效果。如2002年的研究报告《文化资本：纽约经济与社会健康的投资》就将文化产业视为纽约的核心资产，认为它对城市的经济发展、就业市场、市民发展和社区稳定具有重要影响。而伦敦市长2004年签署的《伦敦：文化资本，市长文化战略》，也提出建设世界级优秀文化中心的愿景[①]，要确保所有伦敦人都有机会参与到城市文化中，让伦敦从文化资源中获得最大的利益。这些实践对于中国城市制定发展策略和实现经济转型，具有很好的启示作用。

四、有助于支撑空间优化

文化城市的理念能够指导城市空间的优化提升，一味忽视和剥离文化内涵，城市就会只剩下没有"灵魂"的空壳。快速崛起的中国城市，虽然高楼林立、车水马龙，但还来不及形成自己的文化，哗众取宠、标新立异的标志性建筑不应该成为主流文化的代表，更不能成为中国式的自信。城市建设应注重历史文脉保护、留存城市记忆，不能一味大拆大建，这方面国外有很多文化城市理念支撑下的城

---

① 闻瑞东.国外发达城市文化软实力的提升及启示[J].社科纵横（新理论版），2011，26（3）：58-59.

市建设项目可以借鉴。如伦敦泰晤士南岸的城市复兴项目，采取了以文化为导向的开发模式，保留了大量的工业遗迹，以改建再生为主，将旧工业区打造成为伦敦市最迷人的地区之一；而新建的国家剧院等文化建筑也以朴素低调的风格为主，与环境的整体气质契合，加上滨水公共空间的成功打造，现在南岸地区已成为英国当代文化最具标志性的区域。

第三节　从功能城市到文化城市的提升思路

一、坚持文化品牌塑造

在全球化的背景下，塑造城市的文化品牌是文化城市建设的首要任务。以伦敦为例，为确保实现建成世界级优秀文化中心的目标，市政府制定并实施了以品牌战略塑造世界文化名城和旅游目的地等12项文化发展策略。[①] 事实上，脱离全球城市"一体化"，保持地域文化，凸显自身特色，也是世界上许多城市达成的一种默契。比如西班牙第二大城市巴塞罗那，不但拥有地中海沿岸最大的港口码头，是西班牙重要的商贸、工业和金融基地，还以闻名全球的足球文化著称。又如德国第五大城市法兰克福，不但堪称"现代城市"标准下的典范，是欧洲重要的金融中心、交通枢纽，更有歌德故乡、新马克思主义研究重镇、法兰克福学派、博物馆城市等重要文化标签。这些城市并未因建设现代化都市而丧失自身特色，也未因保持风格而延误发展。因此，在进军经济全球化的同时，努力保持城市风格和文化的差异性，是我国城市亟须学习和坚守的。

二、注重文化生态保护

与自然界的生态系统类似，文化也有其赖以生存的生态系统，文化部在"十一五"期间就明确提出"文化生态"这个专用名词。《国家"十一五"时期文化发展规划纲要·民族文化保护》提出建设10个国家级民族民间文化生态

[①] 闻瑞东.国外发达城市文化软实力的提升及启示[J].社科纵横（新理论版），2011，26（3）：58-59.

保护区，特别强调对于非物质文化遗产的整体保护。通俗地讲，就是要系统保护各地区、各民族在千百年间流传下来的，已经融入百姓生活中的那些"文化"的东西。

芒福德在另外一本名著《城市发展史》中指出，"城市是各种文化的积聚和载体"，并能将其复杂的文化一代代传承下去，因为城市拥有物质和人才等多重优势。可以这样理解，"城市本身就是文化的一种空间表现形式"，因此必须注重和研究城市的文化生态。而为了避免与非物质文化遗产保护中的"文化生态"概念相混淆，也可将城市的文化生态称为城市的"文化环境"。城市的文化环境通常包含自然生态、历史沿革及历史文脉、特色地域文化、民族文化、城市精神等，保护方式依其特点各有不同措施。不管是物质文化遗产，还是其他某种文化形式，都无法脱离其赖以生存的人群，就像非物质文化遗产保护中的"传承人"与受众群体；更不能脱离承载的空间，即非物质文化遗产保护中所说的"文化空间"。

三、发展文化空间体系

"文化空间"也是一个专用名词，出自联合国教科文组织在1998年颁布的《宣布人类口头和非物质遗产代表作条例》，系指人类口头和非物质遗产代表作的形态和样式，是非物质文化遗产的重要形态。而在我国国务院办公厅2005年颁布的《关于加强我国非物质文化遗产保护工作的意见》之附件《国家级非物质文化遗产代表作申报评定暂行办法》中，又将"文化空间"指定为非物质文化遗产的一个基本类别，并定义其为"定期举行传统文化活动或集中展现传统文化表现形式的场所，兼具空间性和时间性"。可以借用和衍伸这一概念来研究文化城市，将城市中文化赖以生存的各种承载空间（场所）统称为城市的文化空间。

城市的文化空间，通常包括文化生产空间、文化消费空间和文化交往空间。很多国内外城市的实践证明，构建和完善城市的文化空间体系，有助于增强城市的经济效益、社会效益和空间效益，促使城市的发展机制更加完善。一定意义上讲，文化空间还可以反映城市的价值取向。德国著名哲学家海德格尔提出，人类应该"诗意地栖居于这片大地"。如何在当今社会充满压力的城市里"诗意地生活",是在城市文化空间的规划建设中需要重点关注与研究的课题。

四、融入城市规划实践

文化既是城市的特色,更是城市的功能、品质。文化城市的重要内容就是要建立以文化为导向的城市发展战略,健全的文化城市战略框架是城市发展和文化繁荣的功能支撑与环境支撑,文化城市的理念需要融入城市规划实践的方方面面。现代的城市规划框架大多基于功能城市理念,在向文化城市转型的过程中,要充分融入人文精神,同时保持中国自己的思维方式,不能做纯粹的"拿来主义"者。如在规划城市的配套设施时,应具体分析城市具体的人口构成特征,针对其不同的需求合理规划与之适应的空间和设施,而不是机械地依照现行规范中的"千人指标"等规则;在制定城市的战略目标定位时,应从过去的以创造物质财富为核心转向以人为本导向,注重生态保护和文化传承等;在历史街区保护规划中,应注意要保留的不仅是建筑等物质空间,更要保留传统文化生态,而这一点常常被很多城市规划工作者忽略。缺少了传统文化的传承者和相关活动,建筑和街区都会变成缺乏灵魂的"无源之水、无本之木",无助于建设真正的文化城市。

五、践行"新型城镇化"

《国家新型城镇化规划(2014—2020年)》明确提出,注重人文城市建设,建设历史底蕴厚重、时代特色鲜明的人文魅力空间,就是为了纠正过去城市以创造物质财富为核心的导向,文化发展成为新型城镇化建设的重要任务。新型城镇化对公共文化服务体系也提出了相应要求,包括加强公共文化服务标准化建设,提升城乡公共文化服务的均等化、规范化水平;合理配置城乡公共文化资源,促进城乡文化一体化发展;培育和促进文化消费,增强城乡公共文化发展动力;建立适应多元需求的各类文化场所;加强对传统文化资源的保护和开发，发展地方特色文化。① 在构建公共文化服务体系的过程中，需要研究服务的人群以本地为主，还是外来为主；以居民为主，还是游客为主；或者是几方兼具。中国的城镇化道路与西方大有不同，始终秉持城乡一体化的思路，现在乡村振兴上升为国家战略，农民进城可以保留土地财产，保护了农村的文化根基。相关研究须扎根于中国文明之根，立志于传承民族文化之魂，才能克服盲目跟随西方道路的弊端。②

---

① 张永新. 新型城镇化进程中的公共文化服务体系建设[N]. 学习时报，2014-12-08.
② 杨济亮. 新型城镇化背景下传统文化的传承与利用：以闽江口历史文化名镇名村为例[N]. 福建党校学报，2015-02-15.

第四节　从功能城市到文化城市的时代挑战

一、历史文化遗产的"保护"与"开发"

在功能城市的理念下，城市发展基于功能分区开展，文化遗产只是城市空间中一个个独立的点，以单体保护取代整体保护、不合理开发导致历史街区破坏等现象频发。最终失去的不仅是建筑、街区、风貌这些物质空间的内容，还有对于传统文化的信仰和地域文化的信心。[①] 目前越来越多的学者提倡整体保护，保留历史街区原住民，但是如何把握"整体"的尺度、保护与开发之间的限度、社区居民与开发之间的关系，一直是困扰中国文化城市建设的一个难题。

面对这一难题，国外很多文化城市给出了正面积极的回答。伦敦无疑在建设文化城市方面颇有建树，其著名宣言《变化的伦敦——一个变化的世界中的古老城市》指出，古建筑不仅不是伦敦经济增长的累赘，而且更是目前伦敦经济繁荣的基础，事实也的确如此。伦敦金融城（The City）是欧洲的金融中心，从事着全球最领先、最创新的经济交易活动，聚集着数以百计的银行及其他金融机构，但其中始终保留着大量的从罗马时期到英帝国巅峰时期即维多利亚时代的历史遗迹和历史建筑，如罗马城墙遗址、圣保罗大教堂等，历史感仿佛溶解在每一寸的城市空气中。金融业与历史建筑相处融洽，大名鼎鼎的金融巨头高盛就位于一座保存精美的古老建筑中。伦敦在其发展过程中一直注重文化发展，不仅保护历史建筑，还极其重视文化活动。如每年11月举行的伦敦金融城市长就职花车巡游典礼，是伦敦重要的嘉年华活动，已有800年历史，金碧辉煌的市长马车、五颜六色的巡游花车以及身着盔甲盛装的矛兵让全城热闹无比。而在中国，金融区给人的印

[①] 单霁翔.城市文化遗产保护与文化城市建设［J］.城市规划，2007（5）.

象基本是玻璃高楼大厦,保留历史文化遗产的只有北京金融街等少数案例;即使在金融街,保留下来的也仅是几个单体建筑,与周边环境毫无关系,深显落寞。

伦敦案例说明,文化遗产应该融入社会生活,在保护中利用,在利用中进一步诠释和丰富其文化价值,合理利用恰恰是最好的保护。[1]但在中国,大部分历史文化遗产就像保存在橱窗里的精美物品,功能只有"文化展示",无关现代生产活动,直接导致历史文化遗产保护成为城市的一种"负担"。而真正的文化传承是要做"活"文化,让文化遗产促进城市的经济活动,为城市锦上添花。

建设文化城市,文化遗产当然不能继续"沉睡",而应积极融入城市的文化交流和旅游发展,典型案例是从欧洲风靡到亚洲、美洲的"文化之都"评选活动。"欧洲文化之都"评选活动由欧盟发起,最早是希腊文化部长梅利纳·梅尔库里在1983年提出的,颇受欧洲国家和城市欢迎,不仅促进了文化交流,也带来了经济繁荣。以2004年获此殊荣的法国里尔为例,里尔在申报过程中,将已经遭受日晒雨淋和环境污染的名胜古迹花大力气进行翻修,大大提升了城市魅力,充分向世界人民展示了自己的辉煌。据统计,文化之都的申办让里尔的游客量剧增,带来了非常可观的收入,远远超过修缮投入,堪称一次成功的文化城市活动。[2]

受"欧洲文化之都"评选活动的启发,世界其他地区也纷纷意识到文化在提升城市知名度和城市发展水平中的重要作用。在美洲地区(主要是以葡萄牙语、西班牙语为母语的国家),美洲国家组织 OAS(Organization of American States)支持的类似文化活动诞生于1997年,第一届"美洲文化之都"评选活动中,墨西哥借此成功实现文化旅游产业的迅猛发展。而在东亚,基于2012年第四次中日韩文化部长会议签署的《上海行动计划》,2013年起也开始推行"东亚文化之都"评选活动。泉州以深远厚重的历史文化底蕴、鲜明奇特的多元文化大观、丰富多彩的文化遗产、悠久广泛的对外交流,从众多城市中脱颖而出,与日本横滨、韩国光州一起首批折桂;此后,青岛、宁波、长沙、哈尔滨也相继获选。这一活动在推动国内文化城市建设、亚洲文化交流合作和促进世界文化多样性发展等方面都具有积极意义。

---

[1] 单霁翔.世界文化遗产保护事业的战略转型[J].世界遗产,2013(2).

[2] 方丹青,陈可石,陈楠.以文化大事件为触媒的城市再生模式初探:"欧洲文化之都"的实践和启示[J].国际城市规划,2017(4).

"文化创意+"产城融合发展

总之,文化遗产只有被适宜"开发",融入城市对外交流和文化活动,才能真正"活"起来。鲁迅曾论述文化,"外之既不后于世界之思潮,内之仍弗失固有之血脉",抓住了文化最重要的两个特性,即时代性和民族性。古今中外的城市,凡是能够吸引人的,都特别注重与其他文化的交流。如何更加有效地处理历史文化遗产的保护与开发,创新体制机制,将是中国文化城市建设的重要议题。

二、文化创意产业的"内生"与"外化"

功能城市代表着工业时代的城市发展思想,而在后工业时代,富有创造性、多元性、自主性的文化创意产业成为文化城市最具活力的经济活动,是促进产业转型及提高人们生活质量与城市品位的重要产业,国外很多城市如纽约、伦敦,在发展文化创意产业方面非常成功。国内城市自 2000 年起"一拥而上",纷纷进军文化创意产业,但大都不太成功,暴露出不少问题。一些学者于是武断地认为,文化创意产业并没有预期中的影响力和重要性。但实际上,这些城市只是没有意识到文化创意产业发展需要"根基",是很难"培育"出来的。文化创意产业必须与艺术、科技等其他行业结合发展,才能真正焕发出活力。

文化创意产业是城市文化发展的"内生"产业,因为文化氛围和人才基础都不是短期内能"培养"出来的。以伦敦最具"创意"的东伦敦地区为例,该地区历史上就具有浓厚的艺术气息,400 多年前的青年莎士比亚就是在此登台表演戏剧,包括举世闻名的《罗密欧与朱丽叶》《亨利五世》。虽然这里在工业革命时期一度工厂集中,污染严重,品质较低,但也留下了大批富有历史气息的建筑;而 20 世纪 80 年代发展起来的酒吧、餐厅、咖啡厅、画廊,则成为文化创意产业赖以生存的重要基础设施。随着伦敦步入后工业时代,该地区的艺术气息愈加浓厚,成为伦敦最"trendy"(时髦)、"hip"(时尚)、"funky"(新潮)的地区,聚集了伦敦最早一批创意人士,如今更是汇聚了世界顶尖的创意公司,包括广告人梦寐以求的创意热店 W+K、Mother、DigitLbi 等。后来,科技产业的兴起使得一大批科技初创企业和小企业进驻,这些科技产业同样富于创意,与文化、时尚的关联度较高,如某家世界知名的奢侈品电商购物网站即诞生于此。

国内三大"设计之都"的发展同样回答了这个问题。"设计之都"最早由

16

联合国教科文组织于 2004 年创立，是其"创意城市网络"中的一部分。[①] 最近，意大利都灵等 5 个国家的城市刚被授予这一称号，全球拥有"设计之都"称号的城市已经达到了 16 个。在国内，深圳最早于 2008 年获得了这一称号，之后是上海和北京。深圳的文化创意产业被称为"工业托起设计的翅膀"，其在设计领域的地位逐渐受到国际设计界认可，并在工业设计领域频频斩获国际大奖。可以说，深圳有着中国最发达、最具活力的工业设计产业。根据 2017 年的统计数字，深圳的工业设计机构接近 6000 家，从业人员达到 15 万人，占据中国工业设计超过 60% 的份额。上海则是在设计方面占据时尚主流地位，成熟的金融体系、创业环境和大量近代工业遗产成为上海设计产业的重要基础。伦敦设计节、米兰设计周早已落户上海，据悉，2018 年全球工业设计师大会也将在上海召开，而新加坡、中国香港设计周也跃跃欲试想要进驻。世界顶级的设计活动已逐渐集聚上海，上海在主流设计界的地位已显著提升。而北京在设计界更是"全局性的压制"，作为全国的政治、经济、文化中心，北京坐拥各方优质资源，具备建设"设计之都"的深厚基础，其设计产业发展规模大、环境好、集群化、人才富，拥有各类设计企业 2 万余家，设计从业人员 25 万人。根据预测，北京的设计产业年收入将在 2020 年左右突破 2000 亿元人民币，届时北京将成为辐射全球的设计创新中心。

不难发现，文化创意产业需要浓厚的产业、文化、人才根基，才能不被"拔苗助长"，实现健康成长。同时，文化创意产业还要积极融入科技、制造等产业，通过"越界"增强"外化"能力，充分发挥文化的渗透性、包容性和导向性，才能切实增强城市自身的软实力和硬实力，真正成为城市经济增长的支柱型产业，真正推动文化城市发展建设。

三、互联网时代下的"激变"与"应对"

某种意义上讲，互联网加剧了功能城市的瓦解。因为在互联网时代，社会组织呈现出自组织、扁平、多元和碎片化等趋势。根据陈虹、刘雨菡的研究，在互联网时代，城市空间的组织将会趋向非均衡发展，城市功能分区将进一步模糊，

---

① 蔡萌.向"设计之都"迈进[N].中国文化报，2014-12-08.

土地利用方式会更为混合，城市公共空间在城市活动中的地位将明显提升。① 互联网不但加速了文化传播方式与传播内容的变革，也在一定程度上颠覆了传统的城市文化格局。全新的城市文化格局开始构建，互联网不仅全面改变了文化传播和沟通的方式，更从深层次改变了文化特征与文化内涵，② 文化城市正在历经嬗变。

互联网对文化领域的强渗透性，也促使国家对此的重视程度越来越高。2011年，文化部、财政部联合印发《关于进一步加强公共数字文化建设的指导意见》，明确指出："公共数字文化建设作为公共文化服务体系建设的重要组成部分，是数字化、信息化、网络化环境下文化建设的新平台、新阵地，是利用信息技术拓展公共文化服务能力和传播范围的重要途径。"③ 2015年，中共中央办公厅、国务院办公厅印发《关于加快构建现代公共文化服务体系的意见》提出"加快推进公共文化与科技融合发展，推进公共文化服务数字化建设"。而迈入人工智能的时代，万物互联正在创造新的境遇，人类将逐步实现真实世界的虚拟化，并将这些数据作为支撑决策的宝贵资源④，这必将激发新的跨界、融合、创新，以及资本、产业的结构重组。

面向未来，文化城市必须拥抱移动互联网，积极融入智慧城市建设。中国拥有丰富的文化资源宝藏，新技术将成为制胜的"法宝"。挖掘、开发和再利用文化资源，借助大数据打造创意灵感的海洋，可以发现很多深藏于内的规律和价值，最终推动文化的传承与创新。⑤ 智慧城市是包含全新要素和内容的城镇化发展模式，不是仅为功能城市设计，也应服务于文化城市。现在很多城市都在探索智慧的文化旅游，取得成效的同时也暴露了一些问题，如硬件偏多、软件偏少，同质化严重、文化元素挖掘不够，APP、Logo和纪念品等都不能充分体现地域特色等。智慧城市建设是为了居民生活得更好，应更加注重结合地域特色，将文化作为城市的魂，强化

---

① 陈虹，刘雨菡. "互联网+"时代的城市空间影响及规划变革［J］. 规划师，2016（4）.

② 傅小平. 把城市打造成文化创意梦工厂［N］. 文学报，2015-10-29.

③ 许建业. 公共数字文化发展背景下的图书馆数字资源建设［J］. 新世纪图书馆，2015（11）.

④ 姜鹏. 北京新总规的"三条红线"能否治理多年的"大城市病"？［EB/OL］. （2017-10-10）［2018-03-10］. http://sike.news.cn/statics/sike/posts/2017/10/219525230.html.

⑤ 曹祎遐. 开拓新型文化创意产业发展之路［N］. 文汇报，2014-09-22.

互动体验性，提高居民的幸福感与获得感，让人来了就不想走，走了还想来。

四、流行文化冲击的"求变"与"不变"

纵观人类历史，物质文明越发达，人的精神需求越强，文化城市的发展需要与时俱进，而与流行文化的结合有时会事半功倍。流行文化也被称作大众文化，与经典文化相对，其载体是大众传媒，娱乐是主要目的，负责引领社会潮流。流行文化的兴起并不由大众直接决定，而某些被主流文化忽略的事情在经由小众人士强烈关注后，也可能逐渐蔓延开来成为社会的主流文化，如流行音乐、百老汇音乐剧，还有在东亚国家广为流行的萌文化。例如在东京等城市，城市中的文化元素不少来自于传统历史文化，但更多地则深受流行文化影响。

现在，流行文化逐渐呈现出肤浅（Superficiality）和去人性化（Dehumanization）的趋势，与科技逐渐进步逐渐复杂的趋势相映成趣。从传播方式来看这很好理解，文化传播就如生物学进化论一样，同样适用"物竞天择，适者生存"的法则，只有同时具有简单易于传播和含义丰富、衍生性强的特点，才能成功"进化"。思想能够扩张、演化，与人脑产生互动，抢夺其时间或带宽，更以思想、曲调、语言或图像等形式，附着于事物之上，持续扩散传播。面对诸多的现实问题和生存压力，人们需要更多的心灵治愈，流行文化可以拉近彼此的距离，缓冲人际交往，融洽社群感情，[①] 让事物更易被认可，还能对城市产生重要影响。

比如上海城市总体规划就是迎合了人们日趋倾向图形化的社交偏好，利用了萌文化的广为传播、易被接受的传播优势，融入了一些流行文化的元素和符号，专门设计制作出更接地气的宣传册，取得了很好的公众推广和宣传效果。这便是上海城市总体规划的成功"求变"，破解了以往规划公众参与始终不冷不热的尴尬问题；而"不变"的是规划的目标、理念与内容。那么对比文化城市建设，只要始终"不变"的是文化的"魂"，方式与模式的"求变"何尝不可？流行文化确实难免泥沙俱下、鱼龙混杂，但也不乏富有活力和创造性，切

---

① 姜鹏.内涵：卖萌是场深刻的社会变革［EB/OL］.（2017-08-23）［2018-03-09］. http://chuansong.me/n/1327119.

不可一刀切。

从功能城市到文化城市的转型是当今世界城市发展的重要议题。文化城市就是要树立以文化为导向的城市发展战略，将文化作为城市的核心竞争力，积极破解功能城市建设引发的诸多问题，对我国许多城市的转型发展具有重要现实意义。广义而论，建设文化城市有助于增强大国自信，促进社会和谐，推动经济转型，支撑空间优化，很多城市都迫切需要一场文化引领的华丽转型；具体而言，实现文化城市转型需要坚持文化品牌塑造、注重文化生态保护、发展文化空间体系、融入城市规划实践、践行"新型城镇化"，更多从社会文化的角度思考城市问题。而伴随着时代发展与技术进步，很多城市都在遭遇到类似的困惑，既有老生常谈的文化遗产保护问题，也有日渐凸显的文创产业发展问题，更有当下深受互联网和流行文化冲击等现实问题。这些都需要城市的管理者认真冷静思考，借鉴先进的经验，从实际情况出发，积极利用新的技术，不忘初心、沉稳应对。

第二章 从理论研究到城市实践：发展文化产业成为共识

刘美婵

北京国研网信息股份有限公司高级项目咨询顾问

"文化创意+"产城融合发展

文化创意产业是把文化转化为更高生产力的产业集群。进入后工业化时代，文化与经济高度融合，经济文化化和文化经济化的特征显著。随着全球化进程的加快，文化产业越来越成为国际文化影响力、竞争力的核心要素。作为一种战略性的产业，各国政府日益重视并推动文化产业的发展。在城市的发展转型过程中，文化产业与城市发展逐渐形成深刻的良性互动。

我国文化源远流长，但文化产业正式起步却是近二十年的事情。2000年10月，在党的十五届五中全会中，"文化产业"这个概念第一次在中央正式文件中提出。十六大报告明确指出："发展文化产业是市场经济条件下繁荣社会主义文化、满足人民群众精神文化需求的重要途径。"十七届五中全会提出推动文化产业成为国民经济支柱性产业的战略目标，十七届六中全会进一步强调推动文化产业跨越式发展，使之成为新的增长点、经济结构战略性调整的重要支点、转变经济发展方式的重要着力点。党的十八大以来，我国制定实施了《深化文化体制改革实施方案》《国家"十三五"时期文化发展改革规划纲要》等纲领性文件，全面推进文化体制机制改革创新，文化产业增速始终高于GDP增速，保持强劲的发展势头。习近平总书记在党的十九大报告中做出了"我国社会主要矛盾已经转化为人民日益增长的美好生活需要和不平衡不充分的发展之间的矛盾"的崭新论断，而文化产业毫无疑问是满足人民美好生活需要的重要内容。"健全现代文化产业体系和市场体系，创新生产经营机制，完善文化经济政策，培育新型文化业态"的指示为我国文化产业发展指明了方向。

文化产业之所以得到各国政府的肯定与高度重视，将其作为推动本国经济发展的重要战略选择，并且在学术范围内引发广泛研究与讨论，主要是因为其具有以下特征：第一，具有高增值力，创意赋予了商品观念价值，经验证明，商品市场价值中观念价值所占的比重越来越大；第二，具有强辐射性，人们的文化消费需求日益上涨，消费方式的转变和消费结构的升级带动其他产业的升级，同时影响整个城市的整体发展；第三，具有广融合性，文化产业与各行各业相互融合、渗透，把技术、文化、产品和市场融为一体，有利于产业的延伸，拓展了产业的发展空间。

第一节　国内外研究反映出的理念差异

20世纪30年代，瓦尔特·本雅明（Walter Benjamin）在《机械复制时代的艺术品》中首次提出"文化产业"（Culture Industry），又称为"文化工业"。20世纪80年代，英国大伦敦政务院第一次在财政政策上使用"文化产业"一词，并认为：文化产业既是指国家之外的那些大众文化生产活动，也是人们所消费的全部文化产品的总和，其中大多数如电视、广播、电影、音乐、图书、广告等，具有商品消费的属性。联合国教科文组织也对文化产业做出如下定义：文化产业就是按照工业标准，生产、再生产、储存以及分配文化产品和服务的一系列活动。20世纪80年代以来，文化产业在世界各国迅猛发展，被公认为"朝阳产业"和"无烟产业"。

20世纪90年代，随着互联网、移动通信以及相应的新兴业态的出现，高新技术对文化发展产生了巨大的影响。一方面，文化加入了强烈的技术、产业色彩，使文化的产业化或文化产业的发展产生了新的形态；另一方面，文化与技术加速进入传统工业、服务业，导致传统文化形态的更新，改变着传统产业的存在方式和生产经营方式。其中，文化、创意与产业的紧密融合，促进了新产业的形成，如"文化创意产业"或"创意产业"的出现。在全球经济进入以知识和创新为核心竞争力的时代背景下，文化创意产业迅速崛起于发达国家，并成为全球现代产业发展的一个新经济增长点。21世纪，必将成为文化创意产业的世纪。

一、国外研究注重"创意"手段

在国外，文化产业被称为"创意产业"（Creative Industries），也叫创意工业、创造性产业、创意经济等。英国是第一个定义"创意产业"的国家，美国、澳大利亚、加拿大、日本、韩国等国家也纷纷跟进发展文化产业。在国外的政府实践与学术研究中，核心共识是创意是文化产业的核心特征，唯有经过创意才能将文化元素在产品与服务中体现出来。创意产业作为经济发展到新阶段、适应新形势出现的新型产业，由于其本身包含的范围较为宽泛，所以文化创意产业的定义依据各国经济特点的不同有着较大的差异，各国也依据各自的发展战略确定了各自的创意产业范围。

英国创意产业涉及庞大的产业部门，且内容创意是文化产业的核心部分，是英国创意产业政策制定的理论基础。而美国文化产业则被称为"版权产业"，可见其对创意和知识产权的重视程度。其他国家政府对产业的界定中也可以体现出创意是文化产业的核心。世界主要发达国家对文化产业的界定，如表2-1所示。

表2-1 世界主要发达国家对文化产业的界定

国家	定义	范围	评价
英国	源于个人创造性、技能与才干，通过开发和运用知识产权，具有创造财富和增加就业潜力的产业	广告、建筑、艺术和文物交易、工艺品、设计、时装设计、电影、互动休闲软件、音乐、表演艺术、出版、软件、电视广播	
美国	文化创意产业被称为"版权产业"，并将其分为核心版权、交叉版权、部分版权、边缘支撑四类	核心版权产业多是文化艺术类服务业；交叉版权产业主要包括录影机、电子游戏设备等；部分版权产业则与设计类相关行业相关；而边缘支撑产业是指那些服务于受版权保护的物品宣传、传播、销售的产业	
加拿大	包括实质的文化产品、虚拟的文化服务、出版产业、广告产业、设计产业、数字休闲娱乐产业、设计品牌时尚产业、创意生活产业和建筑设计产业，也包括知识产权的基本概念的艺术与文化活动		

续表

国家	定义	范围	评价
日本	第一类是传统意义上的文化产业，例如图书出版、电视、唱片、电影等；第二类是大众文化娱乐产业，包括体育教育类、兴趣类（烹饪、剪裁、娱乐、旅游）；第三类是艺术服务产业，主要指艺术演出和展览策划等；第四类是文化信息传播产业；第五类是大文化范畴的文化产业，包括拳道、花道、陶艺、和服、美食等		
澳大利亚	由一系列的经济部门环环相扣而成，这些部门主要集中于符号特征的文化产品及其衍生品的开发，比如艺术、电影、互动游戏，或者提供企业与企业之间的符号和信息服务，领域涉及建筑、广告与市场营销、设计、网络、多媒体、软件开发等		

西方学者的研究范围更为宽泛，对产业的价值与历史意义、产业的基本概念、产业价值链、产业组织、市场需求等方面都有所涉及。总体来讲，西方学者认为文化产业是以经营符号性商品和信息为主的活动，商品的基本经济价值源于它们的文化价值，并形成了从创意、生产到再生产和交易全过程的产业链，它不仅包括传统的广播、电视、出版、视觉艺术等，还关联如互联网等高新技术产业。国外学者的研究汇总见表2-2。

创意产业之父约翰·霍金斯还从知识产权的角度扩展了创意产业的范畴：版权、专利、商标和设计。他认为，知识产权法的每一种形式都有庞大的工业与之相对应，加在一起，这四种工业就组成了创造性产业与创造性经济。

表2-2 国外学者研究汇总

学者	主要理论贡献
阿多诺、霍克海默	首次提出"文化产业"概念，认为文化产业是一种标准化、复制化、大批量的工业化生产。并从艺术和哲学价值评判的双重角度对文化产业进行了否定性的批判
本雅明	研究了工业化时期，复制技术对传统私人文化破坏的情况下，艺术的社会和认识功能的变化。对文化产业持乐观态度，承认大众文化产品的积极价值和历史意义

续表

学　者	主要理论贡献
贾斯廷·奥康纳	认为文化产业是以经营符号性商品为主的活动，这些商品的基本经济价值源于它们的文化价值
大卫·索斯比	认为文化产业就是在生产中包含创造性，凝结一定程度的知识产权，并传递象征性意义的文化产品和服务。最早提出创意经济学概念并将创意行为模型化。
约翰·费斯克	对文化产业进行了经济学研究，阐述了文化的生产、消费及其价值实现和文化产业的基本特征
查尔斯·兰蒂	将经济学"价值链分析法"引入文化产业研究，从而提出了构成文化产业基本价值链的五个环节：创意的形成、文化产品的生产、文化产品的流通、文化产品的发送机构和最终消费者的接受等
理查德·凯夫斯	文化创意产业中的经济活动会全面影响当代文化商品的供求关系和产品价格
约翰·霍金斯	认为创意产业是产品在知识产权法保护范围内的经济部门
斯图亚特·坎宁安	认为创意产业作为一种政策框架。它的产生发展、在英国以外的一些国家的应用，以及为什么能在短时间内成为当前重要的政策取向的根本原因在于它有能力让人们认识到创意产业对一个国家和区域经济和社会发展的重要性。通过考察文化产业概念的历史演变，分析了文化产业与创意产业这两个概念之间的关联性
西蒙·鲁德豪斯	分析了文化产业与创意产业的关系，认为文化创意产业与文化产业的联系不是由产业链来决定的，而是由价值链定律来完成的
F.佩鲁	认为如果脱离了它的文化基础，任何一种经济概念都不可能得到彻底深入地思考
克雷塞默、米歇尔	用四个属性来归纳文化产业：①有大量过度供给的潜在产品；②产品的质量高度不确定性；③对该产业中产品的消费存在特别的网络效应；④对该产业的产品需求呈现周而复始的周期性
派恩·吉尔摩	在对过程技术发展及其导致的产品大规模定制的可能性的研究中，多处讨论文化产业发展的例子

续表

学　者	主要理论贡献
贝茨	比较了美国和欧洲对互联网音乐共享及产权保护方面的差异
迪米克	研究了互联网传媒与传统传媒的竞争问题
赫西	最早注意到文化产业的组织问题，把文化产业看作一个由各类组织相链接而成的系统，这一系统中最重要的是文化生产部门、大众传播部门、分销部门
彼得森	以美国流行音乐产业为例研究了文化创意产品的生命周期。认为流行音乐产业往往在经历一个较长的集中化过程后出现短暂的竞争局面

二、国内研究注重"文化"内涵

中央提出重视文化产业发展的战略之后，中国各地尤其是北京、上海、广州等经济发达地区率先开始文化产业的实践，并逐渐拓展至全国各地。到2016年，中国文化及相关产业10个行业的营业收入均保持增长，规模以上文化及相关产业5万家企业实现营业收入80314亿元人民币，东部地区规模以上文化及相关产业企业实现营业收入59766亿元人民币，占全国的74.4%（见表2-3）。

表2-3　国内部分地区文化产业发展实践总结

地区	定义	范围	评价
北京	以创作、创造、创新为根本手段，以文化内容和创意成果为核心价值，以知识产权实现或消费为交易特征，为社会公众提供文化体验的具有内在联系的行业集群	2006年12月，北京市统计局、国家统计局北京调查总队联合制定、发布了《北京市文化创意产业分类标准》	第一次从产业链的角度对文化创意产业定义

续表

地区	定义	范围	评价
上海	以创新思想、技巧和先进技术等知识和智力密集型要素为核心，通过一系列创造活动，引起生产和消费的价值增值，为社会创造财富和提供广泛就业机会的产业	包括研发设计、建筑设计、文化艺术、咨询策划和时尚消费等几大类	接受了英国"创意产业"的提法
广州	文化创意产业是由"文化、创意、科技"三者深度结合形成的产业集群	包括工业设计、动漫游戏、新媒体等	首先，它通过创作、创造引领消费、改造技术；其次，它离不开科技支撑，同时需要接入巧妙的商业模式，使产品和服务的品牌价值无限放大、延伸、辐射，创造巨大的经济价值
香港特别行政区	文化艺术创意和商品生产的结合。	包括表演艺术、电影电视、出版、艺术品及古董市场、音乐、建筑、广告、数码娱乐、电脑软件开发、动画制作、时装及产品设计	以英国创意产业的概念为架构，强调文化创意产业是文化艺术创意和商品生产的结合，力图较好地弥合"文化产业"与"创意产业"两个不同的概念，其意不在理论和概念上的区分或争执，而在于促进我国香港的经济文化的发展

　　中国学术界对文化产业的研究是在国家政策文件提出后才逐渐开始展开的，主要的论文及研究成果大都出现在 2000 年之后，且研究的对象也多数以某个地区的实践操作建议为主体。目前更多的研究集中在文化产业概念、性质、文化产业政策环境等方面，对产业发展规律的深度研究还较少。与国外相比，国内对文化产业的理解更加突出了对"文化"内涵的挖掘（见表 2-4）。

表 2-4 国内学者研究汇总

学　者	主要理论贡献
金元浦	重视了"文化"及"文化精神"在文化创意产业中的作用,强调文化创意产业的文化属性
林　拓	在分析世界文化产业发展和世界性城市竞争力演变的基础上,阐释了文化产业与城市发展双向推动的良性循环
居朝晖	提出了市场取向、结构优化、品牌带动、科技创新、人才集聚等增强浙江文化产业竞争力的发展战略
潘嘉玮	从政策与法律角度探讨了加入世界贸易组织后,中国文化产业发展的政策、法律体系构建问题
荣跃明	打造中国文化创意产业首先要从优化产业发展外部环境开始,加快体制改革步伐,尤其是加快金融、科技、教育、文化体制改革步伐,通过体制创新,打通要素流动的瓶颈梗阻,按生产要求进行配置,发挥其应有效率
王永庆	考察了深圳文化创意产业发展的基础和条件,认为深圳发展文化创意产业应尽快制定和推出地方性政策法规或政府条例,要编制年度文化预算,设立由公共财政出资的"产业基金",补贴和赞助一些文化艺术的创造性活动和交流活动,以及提供新创立的文化单位贷款等
佟贺丰	认为政府是推动文化创意产业发展的重要力量。政府有责任营造一个适宜文化产业发展和企业公平竞争的外部环境
魏鹏举	把文化与创新视为增进社会总体福利和个体发展机会、能力的权利（Right）与社会进步与发展的动力（Power）
王缉慈	从发达国家文化创意产业的概念出发,研究了中国文化创意产业发展的背景和条件,讨论了文化创意产业集群在城市中形成和发展的问题
厉无畏	文化创意产业鼓励个人创造力的释放。这种释放创造了新的产品和市场,为经济发展打开了新的通道和空间
刘　丽、张焕波	运用产业集群理论研究了文化产业。认为创意产业集群具有多样性和变化性,集群的形成不同于传统的企业聚集。人才被企业吸引,人才的聚集吸引企业的聚集

续表

学　者	主要理论贡献
邓　达	强调了知识产权对创意产业的关键作用。认为完善知识产权制度是创意产业发展战略中务必应率先解决的核心问题
张京成、刘光宇	认为创意产业是由两种存在方式组成的产业群体。第一部分来源于创意元素被融入传统产业后的升级产业，即截层模型语境下的创意产业存在方式；第二部分来源于具有商业价值、为市场所需求的创意被产业化的结果，即引信模型语境下的创意产业存在方式

第二节　从文化到产业：文化是根、创意是魂、产业是实

由于文化本身的主观性，不同的人对于文化的认识多种多样，同样，文化与文化产业之间的关系也一直困惑了很多人。文化不等于文化产业，但文化产业的发展又必然离不开文化。文化与文化产业的关系可以精炼地概括成这样一句话：文化是根、创意是魂、产业是实，即文化资源转变为市场认可的文化产品和服务，需要以创意作为灵魂激活静态文化资源，只有获得市场认可的文化产品和服务才能被资本追逐，成为实实在在的产业。

一、文化是根

丰富的文化资源是进行创意创新的基础，既包括物质资源也包括精神资源。文化资源可分为三种形态：一是无形的、精神性的、非物态的文化内涵，表现为融汇了思想意识、价值观念、信仰、民风民俗等在内的生活方式，不能直接开发利用，需要经过表现形式的转换；二是准无形的、经验性的、能够生成物态的文化技能和创造能力，即文化智能资源，如文学艺术创作、工艺创造和传承等，这是文化创造的核心资源；三是有形的、符号化的、物态的文化遗产（或载体），如遗址、建筑、石刻、典籍等，可通过服务配套设施建设等使之成为观赏对象。因此，发展文化产业的首要前提是要厘清开发的是哪些文化资源。

二、创意是魂

创意，是文化生产中的核心资源。创意鼓励个人创造力的释放，而正是这种释放创造了新的产品和新的市场需求，冲破了原有资源的约束，将文化资源转换

为可供人们消费的产品和服务，将不同时代、不同背景下积累的文化资源变为跟随时代而重获生机的生活必需品或奢侈品。

文化市场需求不同于一般的市场需求，它可能来源于消费者，同时也可能由创造者进行创意引领。文化资源的精神内涵具有潜在性，需要人去挖掘、去领会、去诠释，通过创意可以将各种文化资源转化为资本经营，为经济发展打开新的通道和空间。创意的本质就是捕捉快乐和满意，创造和挖掘观念价值，这种价值的实现则需要以产业为载体和基础才能够实现，使消费者的精神效用最大化，拥有幸福感和快乐感，对提升生活品质、扩大内需、推动国民经济也有着重要意义。

因此，文化创意是核心，它创造观念价值，并主导着价值链的分配和延伸；技术是手段，支持了文化创意的传播、发展和价值的传递；产品（服务）是载体，是文化内涵的承载者；市场是平台，是价值交换、实现价值的场所，也是了解需求、检验创意的场所。

三、产业是实

文化资源经由创意进入生产和消费领域变为资产，再由经营资本最终形成产业财富，这是我们发展文化产业的最终目的。文化资源转化为文化资本一般需要经过三个阶段：第一，把文化资源转化为文化产品，即将文化资源转化为某种物质或者服务的形式，并使之具有市场价值；第二，界定文化产品的产权归属，使文化产品成为某市场主体的文化资产；第三，这些拥有文化资产的市场主体采用金融工具、金融手段实现与金融对接，转换为文化资本，并且在资本运作中创造出经济效益。

经历文化资源—文化产品—文化资产—文化资本的转换，文化资源变为文化产品，为企业或者个人所有，并能在市场交换消费中创造收益，这个过程的实现需要将可产业化的文化资源、资金、人才、技术等结合起来，经过劳动创造才能将资源优势转化为产品优势；同时，经过投资、文化资本的不断积累推动产业进行规模化、链条化以及集聚化生产开发，才能吸引更多的资本投入到文化产业中来，满足多层次的文化需求。这个过程既是产业要素的市场自主选择，也需要政府为产业组织主体企业创造良好的制度政策环境，以便集聚人才、资金、技术等产业发展基本要素。

第三节　从产业到城市：从经济发展需求到城市的应有之义

发展文化产业是城市转型发展、提升城市竞争力的重要组成部分，认识城市有助于对城市的定位、产业的定位以及发展战略做出科学判断，因此，文化产业规划不能与城市整体发展割裂开来。

一、文化产业对城市发展的重要价值

一是塑造特色城市文化品牌。第一，文化产业能够通过形象提升起到"城市营销"的作用，文化产业在某种程度上实现了创意产品与城市地域的协同营销，使产品与城市品牌价值达成互动增值的良性发展格局。将文化创意融入城市规划，有助于将城市资源从文化层面进行整合，提升和创造城市的价值形象，增添城市魅力，吸引越来越多的投资者。第二，文化产业的发展改善了城市运行机制，加快了城市人员、资金、物资和信息的流动速度，极大提升了现代城市的集聚和扩散功能。此外，城市生活多方面的变化悄然发生，人们对文化消费品的钟爱、对文化生活的热衷、对传统文化产品内涵的关注，都逐渐改变人们的精神面貌，提升了城市的内在品质和外在形象。

二是优化城市现有空间品质。通过发展文化产业，催生城市内在布局优化的牵引力，使不同区域展现特色风貌。一方面，城市中心区的文化地位凸显，博物馆、电影院、图书馆等不断向城市中心集中，城市中心区成为文化、艺术创造的中心；另一方面，不同类型文化产业又在不同的区位集中，其巨大的附加值为不同的区位增值，使得城市空间只有类型区别，而没有层级区别。文化产业以其独特的形态保护了现有的环境，保护了历史，使城市呈现出有特色的文化风貌，是城市可持续发展的重要推动力。

二、文化产业需要城市提供支撑条件

文化产业以文化资源为基础，具有融合性、高附加值性、辐射性强等特点，其产业发展又受到诸多发展条件的影响。因此，文化产业发展并不是单纯的一个产业的问题，还关联其他产业发展、城市转型、人居环境等，是一个涉及多行业、多领域的系统任务。

由于文化产业本身的特征，使得产业发展要受到诸多因素的影响，呈现出明显的非线性发展特性。结合产业发展理论与实践研究，影响文化产业发展的要素条件可总结如下：一是产业生产要素。文化资源是文化产品生产的资源基础，它与人才、资本共同构成主要生产要素，主要为企业或者个人所有。二是产业环境。区域经济发展水平、文化产业原有基础、社会文化氛围共同形成了文化产业发展的环境要素。三是技术要素。技术的引进、模仿与创新，能够为文化资源转化为多种形式的文化产品提供技术支撑，也能创造新的文化产业。四是市场需求。由区域文化产品消费能力、文化商品市场前景等因素构成。五是制度保障。如文化体制、法制环境、文化产业政策制度保障。

文化产业资源比较优势指标评价体系，见表2-5。

表2-5 文化产业资源比较优势指标评价体系

一级指标	二级指标	三级指标
生产要素	1. 文化资源优势	1. 数量 2. 独特性 3. 稀缺性
		4. 时间价值 5. 组合状况
		6. 喜爱程度 7. 知名度
	2. 文化产业人力资源	8. 文化产业从业人员数量
		9. 具有一定学历水平的文化产业人才占同业就业人员比重
		10. 文化产业人才培养规模和速度
	3. 资本优势	11. 文化产业开发投资占GDP比重
		12. 文化产业开发投资年增长率

续表

一级指标	二级指标	三级指标
产业环境	4. 区域经济发展水平	13.GDP　14. 人均 GDP　15. 人均纯收入
	5. 区域文化产业开发	16. 文化基础设施（文化事业单位数量、广播电视覆盖率、文化基本设施新增固定资产等指标）
		17. 第三产业占 GDP 比重
		18. 文化产业产值占第三产业产值比重
		19. 文化产业总产值
		20. 文化产业产值年平均增长率
		21. 文化产业区位商
	6. 社会文化基础	22. 教育经费投入占 GDP 比重
		23. 每 10 万人中接受高等教育数
		24. 平均受教育年限
技术要素	7. 技术创新投入	25.R&D 经费支出占 GDP 比重
	8. 技术创新成果	26. 每 10 万人专利数
市场优势	9. 文化产品市场化程度	27. 文化产业就业人员比率
		28. 文化产品的产业化比率
	10. 品牌价值	29. 文化产品的出口比重
		30. 文化旅游业区域外游客的比重
		31. 产业或项目获国家级及以上奖励数
	11. 文化消费力	32. 恩格尔系数
		33. 居民文化消费系数
制度优势	12. 文化体制	34. 文化事业和文化产业关系是否理顺
	13. 法制环境	35. 法律法规是否健全
	14. 文化产业政策	36. 是否有税收政策优惠
		37. 是否有资金扶持政策
		38. 是否有人才政策
		39. 是否有重点扶持政策

三、文化产业与城市互动发展的着眼点

一是作为统领性战略的融合化发展。具体是将文化产业发展与城市经济发展融合，做到整体部署，推进与农业、制造业、服务业中其他产业业态融合发展；将文化产业发展与城市建设融合，完善优化城市功能，提升城市空间品质，打造良好的城市环境，以吸引文化产业要素。

二是作为引领性战略的品牌化发展。包含两个层面的含义：第一，打造文化产业品牌，重点打造富有地方特色、具有市场竞争力的文化产品，打响城市文化产业品牌；第二，树立城市品牌，充分挖掘历史文化资源，整合城市文化资源，提升城市品牌核心竞争力，与产业协同发展。

三是作为动力性战略的创新驱动发展。文化产业的核心是创意，创意的核心是创新。鼓励企业成为创新主体，使得科技资源、创新资源向企业聚集；加快科技与文化资源的结合，创新文化产品（服务）表现形式，创造引领文化市场需求。

四是作为空间性战略的集聚化发展。借助企业集团化、集聚化发展，整合产业内外部资源，促进产业链形成，优化市场配置和产品结构，以便于适应不断变化的竞争环境和市场需求。打造文化产业示范区、文化产业基地，也是中国当前促进各地文化产业发展的主要措施之一，集聚化发展有助于承接国家的政策优惠。

五是作为保障性战略的人才培引。人才是释放创新创意的主体，要创造引进人才的条件，吸引外来创意人才聚集；加强本地培训教育工作，创新人才培育机制，加强企业、高校、个人团队之间的合作，带动文化产业专业人才素质的提升。

总体而言，文化产业不同于其他一般产业，其产业价值链系统是上下联动、左右衔接、一次投入、多次产出的综合体系。文化产业通过价值创造—价值开发—价值捕捉—价值挖掘—价值实现—价值最大化的价值锻造过程，整合人力资本、产业资本、文化资本、社会资本四大生产要素，能够实现与城市发展全面而深度的融合。

第三章 迈入后工业化社会：城市创意阶层的崛起

吕腾捷

中国社会科学院研究生院财经系博士研究生

20世纪后半叶，社会出现了相较于20世纪初更为广泛而深刻的变革。此前，社会工具变革缩短人类的劳动时间，被解放的生产力更多地享受闲暇，科技发展促使物质不断丰富。这些都只是在一定时间内让每个社会个体产生强烈的不适与迷惘，但后者带来的精神世界的丰富与解放，也印证了党的十九大报告中指出的社会主要矛盾转变的事实，也就是现阶段人民对"美好生活的需要和不平衡不充分的发展之间的矛盾"①。这种转变更能对整个时代和社会产生不断前进的、强劲的推动力。

社会大背景的变化，必然导致至少两方面的变化。一方面是人们所处的社会结构的改变，另一方面则是人们自身思维方式的改变。首先，社会结构的变革相当于在一定经济基础之上发生的上层建筑的更迭过程。它是每个围观个体变动后的整体调整，所以我们必须把关注点落在人们自身思维和行为处事的变化上，从日常生活状态中拟合出整个社会形态的变化过程。而笔者认为，这一过程的核心要素就是"创意"。

美国作家理查德·佛罗里达在他的畅销书《创意阶层的崛起》中的观点就是，创意是推动变革的原动力。围绕创意我们能够发现，一个区别于劳工和服务阶层的新兴群体正在壮大，他称之为"创意阶层"。虽然这一新阶层的人数并不占多数，但其影响力和地位却是不容小觑的。书中将这一阶层成员定义为"从事科技、建筑和设计、教育、艺术、音乐以及娱乐等领域的工作者"，也就是说这一阶层的职能就是要创造新技术、新创意、新理念。②

在这个全新的时代到来之际，令人不禁回忆起文学家狄更斯对英国工业革命后状况的感叹，"这是最好的时代，也是最坏的时代"。我们必须意识到变革中蕴含的巨大潜力与能量，它像一枚硬币并存的两面，处处暗藏新的困难与挑战，也时刻都有价值与机会。在一个新世界里，定义身份的不再是单位、邻里、家庭成员，重要的是我们自己。具有创意精神的一代人身上都有着相同的特征。首先，能减少安土重迁的情结，用脚丈量世界，想出门看看的心情已经变得更为自然；

---

① 习近平.决胜全面建成小康社会夺取新时代中国特色社会主义伟大胜利：在中国共产党第十九次全国代表大会上的报告[N].人民日报，2017-10-28.

② 理查德·佛罗里达.创意阶层的崛起[M].司徒爱勤，译.北京：中信出版社，2010.

其次，能意识到"弱关联"的重要性，在信息交换整合中解决实际问题，在新的思维碰撞和交流中降低情感维护成本；最后，能模糊和重塑身份符号，在虚拟世界和现实中实现自由转换。

当社会逐渐具备了变革所需要的外在条件和内生动力，如科技革命、人文主义、哲学思维，那么更具意义也令人振奋的社会转型便能应运而生。在当今社会转型中就催生了一种新的经济模式，叫作创意经济。它的产生正在引领起时代的新风潮，并逐渐成为社会发展的重要动力源。本章就将从创意的各个角度来全面阐述这种"新型生产力"在生活中的点滴渗透，从创意阶层展开，围绕城市的灵魂，也就是创意载体劳动力这一群体，抽丝剥茧，提炼出创意精神的本质及其在社会经济生活各方面所呈现的特有形态和特定功能。

第一节　创意阶层的内涵——城市空间的主人

一、创意工作者组成

当我们提及某一阶层时，最先应当确定的就是这一部分人区别于其他分类的本质属性为何。[①] 比如谈到"白领阶层"主要从事脑力劳动的管理阶层和知识阶层的代称。"白领阶层"是现代社会中的中坚和极具实力的群体，"蓝领阶层"也会在一些国家或地区用以指从事体力劳动的工人，这些说法，成了现代社会人人皆知的流行术语，也是一种生活形态和职业的定义。当创意阶层的概念被提出时，我们能够很快找到其中的联系，从特征出发分析出群体所扮演的角色与"创意"两字密不可分。

一定的历史时代背景，决定了一定的经济社会形态，也就会分化出不同的阶层组织。创意阶层就是社会高度发展、经济不断进步下的产物。对"知识""创新""精英"等一系列更具有人类智慧字眼的特殊情感，以及工业进步下劳动力的不断解放，都让人们对于精神的追求不断超越对物质的满足。于是类似于实验室科研人员、办公室白领经理、具有音乐和美术鉴赏力的大家，或是各种具有专业技术的人士成为"生活—工作""劳动—闲暇"之间实现平衡状态的职业可能性。办公环境可以随时调整，上班时间不再固定不变，人性化的一切不但没有让人怠惰，反而激发了人们的热情和创作灵感，使得人类区别

[①] 应当注意到，阶级和阶层之间的矛盾统一性。前者类比中的阶级概念更倾向于对生产资料占有的集团，也就是以各人在社会生产过程所处的地位为基础；而后者的阶层是指按个人拥有的财富、地位、权利声望等高低不同进行的概念划分。换言之，阶级带有的政治色彩更浓，而阶层主要是经济条件下的区分，虽然政治经济在中国可以对立统一地辩证来看，但却不能放之四海而皆准，在此特别说明。

于机器也不可被机械模仿替代的才华能够不断延续发扬光大。这就是创意所在,也是整个阶层所具有的共同点。创意者可以是各行各业中最具有自我开发意识的一群人,他们不断从以往的体力劳动中跳脱出来,投身于脑力劳动中,在人类智力和创造力的基础上改造生产和生活方式,这也符合近年来我们所关注的产业转型下劳动力的流动走向。从农业到制造业再到今天的服务业,第三产业的比例和经济地位不断攀升,我们更需要不断挖掘和调动人类自身的宝藏。除了以上所提及的普遍意义上的一群"创意者",创意阶层中也有自己的"专家",他们从事的职业一般属于知识密集型行业。一方面,专家需要具备创新能力,在解决问题的方式思路上具有创意;另一方面,他们需要用自己深厚的知识功底和社会能力来处理各项具体事宜。[①]

与创意者的工作性质相比,一些工作所具有的"创意成分"比例相对不足,工作内容已经固定化,想要适应和摆脱原有的工作方式,融入现代产业发展的时代潮流中,就需要在工作中不断突出创意和创新,发挥人的能动性。而此时创意就显得尤为重要,它不仅是提高工资收入、增加自主创新意识、改变行业发展的核心,同时也是重塑城市和生活的推手。

二、创意中的价值观

有过专业训练经验的人应该会有这样的感受,自己穷极一生追寻的真理,奉献了青春岁月和无限智慧的结晶,却往往不能被圈外人所理解,或者说只能作为推动人类发展的一小步,对现实生活似乎毫无裨益。大多数人第一次被问到"这有什么用"或者实际价值是什么时,都会很抗拒。似乎这能用古希腊时期哲学家的思想来替自己开脱,"我不知道,但是它很美"。真理和超前的思想需要时间的沉淀和人类理解能力的积累才能释放原有的智慧,同样,创意阶层中普遍流行的价值观也是基于这一原理。他们不再满足于物质的丰盈,而是选择精神的觉醒,而令人振奋的精神财富都是虚无缥缈的,甚至大多时候不能完全被人认可,只是被社会以"拿来主义"一般直接利用。所以创意者更为推崇"脑袋的富有",也即

[①] 理查德·佛罗里达.创意阶层的崛起[M].司徒爱勤,译.北京:中信出版社,2010.

所谓的"口袋穷,穷一时,脑袋穷,穷一世"。思想的贫乏才是阻碍财富积累的症结所在,摆脱物欲的束缚,才更有可能获得精神的自由,也就能够更为关注自身的发展提升和塑造过程。

特别需要注意的是,我们在这里讨论的价值,是一种观念上的价值,而不单单是经济价值。可以看出,创意阶层所形成的独特价值观念和社会倡导的主流价值观念是有相似之处的,其都具有勤奋和进取的含义,这有助于维护社会体系原有价值观,也显现出创意群体内生在主流文化熏陶中、根植于主流政治文化中的本质特征。

创意工作者的动力来源就是工作本身的可塑性,所以在这样的背景下,能够激发创意灵感的一定不仅仅是金钱,而是更为重要的热情。当人们拥有足够的钱来满足想要的生活时,他们对收入的依赖和兴趣就会降低,而工资水平也无法完全体现个人价值。此时创意者需要更多的动力,比如环境的优美、人际关系的和谐,以及领导团队的文化氛围。这些因素将成为就职和离职的首要因素被考虑在内,而薪酬水平只是保证生活正常运转的基础,也就是说人们从最初关注温饱问题,逐渐发展到追求个性多样化的需求。于是,在这一阶层的价值观念中,我们将看到最为显著的特点就是追求个性、自律进取以及多样性。对应到工作生活中我们也不难看出,他们对个性化上班环境地点的选择,对工作时间表弹性的调整,以及对组织工作行为规范等多方面的诉求。

与此同时,美国作家特里·克拉克在研究后工业城市发展中,发现了类似的新兴群体,他在书中提到,后工业时代到来,后福特生产方式盛行使一大批接受了高等教育、从事科研管理工作、获得较高收入的群体不断涌现并成为社会的中坚力量。中国的工业化和现代化进程,在上世纪七十年代重启,经历了农耕时代、工商资本时代、金融资本时代和和科技资本时代发达经济体两三百年走过的路,中国只用了三十多年。其中重要的推动因素是改革开放以来中国的阶层流动性,让社会经济发展在短期内经历了极为剧烈的变化。而现阶段,经济的转型也将伴随着阶层的流动,特别值得注意的是,不断完善的市场机制和自由职业选择的机会,让机遇与挑战并存,新的观念不断迸发并将在实践中得到检验,文化资源和创新意识能力成为新时期最为重要的竞争力和人力资本组成部分。

三、崭新的管理模式

与传统管理模式相对比，在创新中遇到障碍，往往可以归结为缺乏创新意识，或者说专业的创意人员队伍不足，较难看到他们互相的密切配合并形成"核心"力量。一般情况都是各自为政地寻求解决方案，虽然可以解决一些问题，但复杂的相关联的创造性的解答有时更需要集体智慧。

以谷歌公司为例，我们知道谷歌除了出色的以网络为中心的业务模式外，其与众不同的管理模式也能带来颇为显著的正向收益。这种管理模式的关键要素包括以下几个方面：首先是公司秉承的7:2:1创新法则，以保证创新不被忽略。具体就是投入七成资源在基础业务提升上，投入两成到可被明显定位为拓展向的核心业务，最后留出一成用于萌芽中的创意。其次，整个公司犹如研究生院般汇聚聪明卓越的员工，解答最具吸引力的问题，效仿一流大学建立小型工作团队，通过大量试验反馈来肩负改变世界使命。招聘过程一定要保证没有庸人，执行传递性淘汰。再次，运用快速低成本的试验，通过尝试来摸索搞清问题的头绪，有些试验的过程催生了更多新的想法，也更有可能带来意想不到的收益。同时还有一些扁平层级民主分权的制度设计，使任何人对任何事的建议都能被认真理智地对待；联系密切且畅通的沟通网络，在各个层级都有垂直的沟通渠道，管理层不缺乏信息数据。有了高度网络化的组织结构，就能方便员工分享观点，内部透明和支出返回机制也能保证公司的原创性。最后，实行差异化奖励，年终奖提成比按比例拉大，对最具创意的员工进行激励，使其明白自己不需要加入创业公司也可以致富。实行小型自我管理团队，使项目被细化，可以迅速启动，管理相互依赖关系递减。为了避免员工在工作时间闲逛，鼓励他们用两成时间探索自己喜欢的领域并开发出新的项目。

总结下来的几点经验就是：首先，"网络"这个词汇本身就蕴含着对管理最好的寓意，它揭示了正确运用部门之间联系的重要性，建立相关的制度就能最大程度调动有效资源；其次，应该明白那些有经验的管理者并不一定总是最好的管理者，应该善用大胆有想法的管理人，突破传统教条的框架；最后是人性化管理创新不可抗拒。他们渴望工作的挑战性，但不必要用古板的办公室和死板的工作样式来消磨其精神，使其重复劳动。一个聪明的企业家或者管理者会用人文关怀和感情枢纽来留住员工的心，这就是好的"软控制"。之后，新型雇佣合同就会应运而生，创意人员用创意换取报酬，并不需要建立在长期服役于一家公司的忠诚基础上，它强调个人资源，而非之前的一揽子买卖。

第二节 创意的精神维度——内在的思考工具

一、创意的来源与要素

创意不同于"智力",它属于综合能力,要对各种现有数据观点进行重新整合,得出有价值的结果。这需要创意者打破现有思维生活模式。从一个闪光点的出现到最终被投入生产创造出一个成品,是一个从零到一的创作过程,一般需要经历四个具体步骤:首先,个体需要经过一番挣扎,包括前期准备思考;其次,等待灵感迸发并着手开始实践;再次,建立组织机构或者体系;最后,为最终产出产品构建完整的框架。其中组织架构这一步除了需要创意本身以外,还引入了机构的概念,这就是一群人相互作用的过程。保证组织有效性有三个可用方法:第一是隔离开组织内部的各机构与创意的关系,避免过度受官僚主义影响;第二是构建创新体系,为创意打造良好环境支撑;第三是最大限度为每个创作者提供舒适减压的空间,让他们能够在相对自由的环境里发挥更大的想象力。

了解了创意产生的基本过程,我们需要追问创意的源头来自哪里。经济学家保罗·罗默认为,每个人都具有创意的能力,这并不是某个人的特权或专利。从经济意义上来看,能够创造就是人类区别于动物的重要因素,人类除了可以重复命令完成机械化指令下的工作以外,更倾向于学习创造解决问题,这是一种天性。纵观农业时代到工业发展的几百年历史,我们应当意识到,创意是改变经济价值获得方式和推动经济增长的重要力量,它也是一种具有很大影响力的商品。在任何时候,一个好的点子都可以重复利用,而且在不断推陈出新的过程中价值会积累扩大,也就是报酬递增的规律。

卡尔·马克思在预言工人阶级未来的正确性方面提到了无产阶级接管工厂的设想。这是历史发展的过程,不论谁占据了资料的所有权,最重要的都是要培育和开发人们的创意，而在工厂的工人得到机会，就愿意将创意转化为提升绩效的手段。当今社会，越来越多的工厂对具有创意的员工敞开大门，他们希望通过筛选来建造一个鲜活的有卓越人才的实验室，而非传统意义上的工厂。因为机械取代人工的速度还在加快，留下的人工劳动必定是需要更高成本也负担更重要使命的部分，他们是工厂和企业的"大脑"，也就是管理层中创意的来源岗位。

二、创意思维的技术方法

关于创意的方法方式，我们可以通过几个简单的例子来具体感受。首先创意需要从问题入手，学会提出问题比解决它更具有价值的关键就在于此。一个高质量的问题反映了整个思考的过程，必须头脑清晰、表达流畅，两者缺一不可。而思维清晰、逻辑连贯不是一朝一夕就能做到的，需要千百次的磨炼。好的开始就是成功的一半，接下来需要运用到发散性思维，换言之就是把隐晦难懂的部分转换成有趣而富有想象力的表达。这需要创意者有巧妙的类比和联系，同时也很考验知识的储备。这种过程最常见于跨学科的交流中，或者文化碰撞，在两者间建立桥梁、融会贯通，仿佛"婴儿"般对本身熟悉的事物做陌生化的处理，从而得到不同角度的体验。类似的方法就是建立结点，仿佛自己有一个思维宫殿，两个事物之间可以用或真实或虚拟的关系过渡，建立背后的逻辑关系。积点成面，原本散乱无系统的思考就会慢慢形成结构框架。

此外，我们需要善用这些创意思维的工具，就像日常生活中的"工具箱"会备有各式各样的道具，我们不知道会面对什么样的问题，同样需要预先准备尽可能多的方法来应对。同时对于每一个工具的使用范围和具体操作也应该完全熟悉，并能够适时地更新换代加以改造完善。拥有的工具量越大，才越不容易陷于对某一种方式的偏执，也就能具有更强的发散性，触类旁通，这是一个经验积累的过程。只选择最熟悉的方式装进工具箱，长此以往会形成惯性依赖。最好的办法就是定期适应不熟悉的其他方法，看到工具变化对问题解决的不同效果。也就是说针对每一个问题，可以想出至少两个以上不同的解决方法，这是培养创意的基础，应勤于思考，善于变化。

通往创意思维宫殿的过程不是智力的角逐，而是创造力的较量。拥有独特创意思维的人，总能够给人带来惊喜，它更依赖于多向思考，这样的模式具有稳定性且逻辑紧密。从想法的产生过程可以知道，创意的两大先决条件就是原创性与独特性。从个体角度也可以看到，这两点的出现就是源于每个人的成长背景不尽相同，接触领域也有所不同，结果就是创意会随着时间、背景、个人特质而不断变化，显示出千差万别的多样性。

最后，我们需要清晰地认识到，从事创意性工作某种意义上就是一场美丽的意外或者华丽的冒险之旅，在创意的过程中必须承担一定的风险和压力。比如前期投入收益甚微，有时连基本生活都难以保障，可谓是生活在物质层面的一次冒险；同时创意本就与冒险精神有千丝万缕的联系，两者的关联性被刻意避免只会使创作陷入僵局。创意本来就是从无到有的过程，需要先抛开所有刻板印象和浪费时间、收益风险等负面情绪的干扰，这样的过程才可能出现全新的思维方式和想法。可是在外人看来，创作者都多少会显得难以理解，这样的误解其实也侧面印证了创意之路的不平凡。

三、从创意到创新的蜕变

我们需要首先发问的是，创意精神本身是否就是创新的全部内核，显然答案是否定的。我们可以看到，中国在2015年提出"万众创新，大众创业"的双创精神，要求企业和社会上的每个人都要有创新意识并且有匠人精神。可见当今社会缺乏的不仅仅是构思能力，更是辅助实践的能力，许多人都会有空想，但却难以将创意在组织和平台合理运作，最终呈现出能为社会经济服务的内容。社会上对人们脑海中潜意识存在的创造力存在一定偏见，那些千奇百怪的创造力本身并不能作为一种生产力去创造精神财富，而是需要人们运用自身能动性实实在在投身于某个领域从事某项创新活动，从而实现创意精神到创新能力的转化。如果按照具有偏见的思维逻辑，将创造力视为"创新"的等价词汇，就会变成过于拥护创新者的一种特殊病症。创意精神和创新并不能完全对等，创意是精神层面的描述，而创新就是具体措施层面的概念。

整个过程都有一个看似与创意本身水火不容的模式形成，那就是组织介入。实际上组织和创意是可以相互促进的，在倡导相对宽松的工作环境和创新氛围的前提下，也需要组织这个具有一定约束性的存在来限制绝对自由导致的自由散漫，以提高效率，保证创意能够变成可利用的创新工具。同时应当注意，组织自带的刻板和纪律性不应成为限制创意的枷锁，这就需要两者相互磨合达成共识。本着对个人、项目乃至公司及社会最优化的原则，组织应保持其固有属性，同时在可预测范围内协调行为，保证创意不会带来混乱和不稳定，使高效准确的工作能按部就班地进行；而创意者也应自觉适应压力，在相对自由和舒适的结构下完成想象力的拓展，有一定合理支配时间的自由权限。

综上所述，创意的需求是随着环境、人物、行业的变化而变化的，我们不能空喊创造力而忽视创新活动之间的差异性。组织号召创意创新人才发挥更大作用的前提是，要意识到将创造力转化为成果的核心点，所以在职业氛围、组织环境、人才选择等多个方面都应该有不同的责任分担。如果不全面联系将整个创新系统化，就势必难以达到目的，创造力不但会成为影响秩序的干扰因素，还会误导个人走向自由散漫我行我素的极端。在投入精力时间于研发创意的过程中，也应该投入更多心血，先为后来的工作打下坚实的组织基础，让创意者与组织有机结合，在秩序的约束下进行工作才能够事半功倍。

第三节 创意城市和生活——城市文化的功能

一、创意产业聚集和创意社区构建

在前文中我们提到创意者更趋向于从传统意义的企业和社区以及工人集中的地方向更有自由环境的创意中心转移。工作环境的改变，以及同一类型人们需求的累积，就慢慢形成了创意经济的城市区域特征。创意中心一般会形成产业集群和创意社区两个维度的城市功能，产业集聚就是创意在城市分布上的一种地理体现，文化、艺术的产业和高新技术园区都会慢慢集中，周围也会有居住功能，使服务人员和创意人员能够各司其职。这类似于工业和农业社会对于地理位置选择的过程。只是在创意城市中，区位优势更倾向于知识密集以及劳动力优化的区域。同时，同一片区域的产业关联程度往往也很高。例如，周围的学校、工厂和新兴产业园区之间可以形成有机一体的产学研系统；再例如，占地面积更多的工人聚集区在创意经济时代效益减退，一旦介入一些类似服务业的改造设计，重新利用旧城规划出新的吸引目的地，不断创造新的岗位，吸引创意阶级进入，不仅能够拉动经济增长，同时也能使城市拥有更便捷和开放的生活环境。

城市经济规模的重要定律之一就是"等级－规模"法则，创建人齐普夫[①]提出，"国家城市分布都遵循实力分布的定律就是，越大的城市所占经济规模份额越多，基本成1∶1的等比类推。"经过大量论证我们现在可以解释，之所以有这样的规律，就是因为创意群体往往会以一处或几处创意主体为核心，相互促进提高生

[①] 沈体雁，劳昕.国外城市规模分布研究进展及理论前瞻：基于齐普夫定律的分析[J].世界经济文汇，2012（5）：95-111.

产率。同时，这样的集聚一般是形成较大规模经济组织或公司的前提，这样的集聚也会使城市发展不断受到正向影响。而城市开放且包容度越高，就越有可能存在更多的创意产业集聚，最终形成创意社区，纵向发展到特色街区生活设施等各个方面，如 CBD、文化小镇等都是其主要的表现形式。

这样的经济模式在国内外都已经被不断尝试，能够容纳多大的办公量，以及改变经济模式带来的空间革命变成了城市发展急需解决的问题。为吸引更多创意人才，应该考虑郊区工厂拆迁、生活设施便利化，以及办公大楼里低薪职位的去留问题和人力资本鼓励政策的完善。实际上高新技术中心就是"创意"的一种新范式。回归城市，工业时代的技术和组织变化已经不再是当下经济发展的关键基础，大规模的制造业和早期生产活动可以在远郊和高层建筑内完成，但越来越多的人希望在城市发达经济体中生活的同时保留工作环境的阳光和舒适性，多样化复合社区成为办公首选。

中国自改革开放以来的城市建设和城乡发展都在不断进步，城市化率逐年增长，大量人口红利减退，"世界工厂"的角色也在不断转变，长久以来处于全球工业链附加值最低、竞争力最小的状态在不断改变。中国也拥有了自己的"比较优势"，经济结构调整，也需要对城市规划和人口阶层重新定位。而对于决策者来说，城市环境变化可以考虑在至少三个方面采取措施，目的是重新打造城市环境吸引创意人才，提升空间价值并拉动经济发展新高度。

首先，应创造包容而注重人文关怀的社区环境。创意阶层崇尚自由，寻求一种类似于古代隐士的生活，在一线城市如北京、上海、广州等，可以考虑从国际化发展角度打造专供创意人士生活的区域空间，城市外来人口政策也应当弱化，吸纳更多留学和高素质人才留用。

其次，积极培育良好的文化氛围，注重精神文明，投资建设大型的文化、艺术基础设施。类似 SOHO、音乐厅、体育场馆的时期已经过去，创意人才更需要的成长空间是人际关系以及自然和谐的社区，生活和工作的界限在模糊化，如同城乡边界建设一样，怎样弱化社区边界、营造整体的创新氛围是关键。

最后，中国文化需要剔除循规守旧、墨守成规的心态，用更开放的思想去消除隔阂。这需要正确的思想引导，更需要创意人才认可和接受创意产业带来的人生价值实现和丰富的生命体验。中国作为一个发展中国家，处处都充满机遇，这是创造新事物最好的熔炉，各地应当结合自身特点，放大优势，体现地方品质，打造自己的核心吸引力。

二、文化动力成为生活方式新导向

创意时代的生活方式归结起来就是对体验和感受的强烈渴望，这种状态可以让生活变得真实鲜活，充满激情。比起被动接受灌输的信息，创意阶层更愿意主动接触新的元素，在整个过程中参与者和创作者不再有明显的划分。这种体验的感受可以来自兜风、旅行，也可以来自去古董店体验不一样的历史感，这种被人们重视的想象和体验就是创意经济衍生出的新的消费模式。不论是商品还是服务，只要消费能够刺激个体的创意本能，提升想象空间，就会很快成为新宠。

创意与体验之间的必然联系，就在于体验能够传达刺激，开放的理念下不同信息碰撞后被接纳，对于产生建设性创意是极其重要的。人们释放压力的方式不断变化，财富在这一阶层手中不再具有炫耀的含义，并且他们也不是为了消磨时间而去尝试新奇事物。他们不从购买的物品上判断自身的身份地位，而是希望分享一段与众不同的经历。

创意阶层的生活一般都是与文化内因相关联的，主要体现在以下三个方面：其一是积极生活的心态，这不单纯是接触游戏、电子产品所获得的满足和成就感，而是参与户外运动、艺术展览，在大自然和人文气息中给自己充电放假。创意阶层更关注自身的状态与外界的和谐。其二是自我约束能力强，有效利用闲暇。他们关注身材保持、健康饮食，塑形美体不再是家庭妇女的专利，而是一个群体对美和艺术的现实向往，这也衍生出对服饰搭配的追捧以及时尚的热衷。其三是在自由娱乐的时代，创意人士更喜欢自主性娱乐、徒步、高尔夫等，可以将自己投入到所关注的人和事物中，同时也喜欢具有冒险性质的活动，而这些运动都彰显了创意的本质。

三、智能信息化改变城市结构功能

信息化大数据已经悄无声息地渗透在生活中，移动互联网改变人们信息获取方式的同时也推动了城市建设，智慧城市的概念不再遥远。其核心就是将创意运用到居民与城市相处的模式中来，形成适应城市的整体规划。这样的智慧就是技术创新，而最终完善的目标是要达到系统优化的整个过程。创意阶层在城市中有关键的作用，就是发掘城市的能力，让城市的物理形式与人工智能结合，获取全面信息，多主体都能参与决策。创意社区的包容和开放概念是打造智慧城市的起点，最终营造出更立体的城市生态圈，不仅在创意社区范围内可以为创意阶层提供所需要的空间，而且在整个城市形成高效的神经系统，使人与人、人与物之间的联动关系能被随时随地捕捉，这将会成为创意工作者灵感来源的重要分析依据。实现共享开放就需要精细的动态管理，以及更深层次的社会公平正义。城市发展与每个人紧密相关，市民应参与城市建设的各方面，形成城市精细化生活。

第四节　创意产业和消费——经济发展的逻辑

一、平台共享商业模式

从蒸汽机的发明到批量生产，从劳动力解放到分工提高效率，从资源的集中控制到垂直统一的管理和规模经济的实现，这些变化都是创意的发展在不同时代的全面应用，它与传统经济因素土地资本相比，获取方式变得更为便捷。

人类创意与组织关系的对立，是由社会属性决定的，组织中的要素遏制创意产生的情况时有发生，具体表现在官僚机构的高度专业化、大型组织对创意的消极态度等。过去的几十年里，新的经济社会形式不断出现，这在一定程度上缓解了两者的对立，但问题并没有被彻底解决。我们并不认为创意已经成为社会的主宰，新的创意经济体系还未完全建立，仍在发展过程中。因此，现代社会的问题也不是仅靠创意就能解决的，例如贫困、失业、经济波动等不可控的方面仍需要我们在创意的基础体制下进行人为干预。

经济体系如同自然界一样，都是在不断变化的。新的公司出现推动经济发展，公司的壮大和瓦解就如同生态体系中维持长期发展的各类生物，组织机构存在长时间从事某项业务并非是老旧的，也并未过时，问题的关键是如何在创意中发挥自己的价值。创意人作为创意主体，会通过各种办法获得更多的自由时间和运用创意的机会，独立个体能够在几个短期工作间来回转换，谋求最大收益。这样的高流动性引发的复杂结果就是供求关系波动，风险和责任也会增加。

在这样的时代背景之下，中国孕育出了一种独特的商业模式，也就是平台经济、分享经济。这种模式最早可以追溯到阿里巴巴互联网的 B2B、C2C 模式。依托全新的平台，供求双方有了或虚拟或真实的场所可以进行交易往来，这样的形式在现实生活的方方面面都可以体现和感受，医疗、出行、社交等平台已经在占

"文化创意+"产城融合发展

领主流组织形式。这样的平台效应就是资源汇集的过程，它可以将传统经济链条式的上下游组织关系，构建成为平台式的环形圈状结构。不仅降低了交易成本，同时提高了各环节的产业效率，如同真正的生态系统一样，形成了一套自己的产业价值生态链。

与此同时，从2016年开始逐渐进入公众视野的另一个名词"共享经济"，也为商业经济模式打开了另一种全新的可能。共享经济的本质可以用商品使用权转让来解释，首先物质生活的丰富使更多的生活生产资源变得富足，而一部分不常使用的可以作为"闲置商品"投入到市场，被其他有需要者临时使用，这样供求双方就能够同时实现价值创造。共享经济整合市场闲散资源，利用存量提高使用率就需要借助之前所提到的各种平台。而平台与共享的边界不断模糊就是当下最具新意和动力的商业模式。

之所以提到这样的模式，就是因为创意产业所蕴含的大量元素，不仅适合在平台共享下进行发展繁衍，更重要的是这样的平台能够使其边际效用递增，产生规模经济。创意作为经济发展在当今社会的重要力量，可以借助多种形式不断提升经济份额，推动社会完成从农业到工业、从工业到第三产业的再一次转型。创意产业作为新型的产业形式，最早诞生于英国，之后其内涵不断得到丰富和发展，涉及创造性、美学、知识产权开发和潜在财富相关的方方面面内容。不难看出，人力资本作为内核的创意产业，最强调的就是人文思想，即人的意义和价值。创新的概念是工业化中实现技术改进效率提升的手段，而创意则是生命进化和发展的本意。当人们在理性范畴内对物质的创新完成，就必然转向对内在生命本身的考量，即人的精神，也即创意的根源。

运用经济学的原理可以佐证，创意经济就是新经济内生增长理论的延续，知识和信息成为创意的基本要素，也代替传统意义上的资本、土地等要素成了经济发展的新源泉。从广义上来看，信息化社会发展在一定程度上就是依赖于创意经济的发展，如果说新经济不能缺少环境制度和网络联系，那么就可以解释为什么创意产业发展离不开平台共享的模式。当社会文化等非正式的制度因素不断影响着未来经济的走向时，我们必须看到在经济活动中，信任、包容和开放性对于一个城市产业发展和经济繁荣的作用。在佛罗里达的书中也有类似的概念，一个包容度高且开放的城市，在吸引创意人才和热力资本中具有截然不同的优势，尤其是高科技产业。[1] 法国社会学家布迪厄（2000）的文化资本理论也有类似的阐述，他认为文化资本作为经济资本与社会资本之间的一种形态，其显性作用可以通过各种方式转化为经济资本，而隐形作用则是可以构建良好的投资环境。

二、时代更迭的驱动力

将创意作为经济的重要驱动力可以追溯到20世纪之前，创意在那时就已经形成了一股不可小觑的经济力量，经济发展的另一个诠释就是用更合时宜、更加有效、更好更新的方式来利用创意的过程。旧时代的更替、新时代的来临不是简单的替换、战胜的过程，而是在原有格局上的调整扩张。当旧体系存在缺陷和不可避免的问题时，伴随而来的就是变革和社会动荡，此时就会产生新的、更适应社会发展需求的经济体系，这套模式下的工作方法和组织模式以及地域特点等多个方面也会随之调整变化。回顾过去，我们可以看到大概四个此类关键转折时间，即农业的大生产、贸易专业分工、现代化的工业资本主义和组织化专业生产的时代。各个时期人们都在利用创意相关的力量对社会面貌进行重塑，接下来，我们将以同样的逻辑思路来展开创意对经济活动发展产生的深远意义和重要转折，这不是重写历史，而是在阐述人类文明在创意活动的具体表现。

农业革命时期，人类结束了长达两百多万年的采集和狩猎时代，可以不用再为动植物生长的地域性和稳定性奔波，转而关注到动植物生命的人工培育方式上，食物来源变得稳定而丰富，也实现了祖先从采集业到农业的过渡。这就是创意的过程。之后农业被不断细化和改造，出现了更便于使用的机械、在生物身上的医学试验成果，以及养殖业转基因的产品等，都是农业带来的创意成果，极大丰富了人类日常生活，也对社会带来了重要的改变，让人类社会在农业出现后发生了天翻地覆的改变，成为人类历史的第一个创意转折点。

农业除用创意的方式解决了物质资料生产问题外，更潜移默化地改变了其他生产形式的专业程度。农业体系扩展与贸易发展几乎是同一时期的内容，专业贸易化进程推动了阶级和社会结构的分明，一些专业组织和社团开始采用更加新颖的加工制造方式，虽然有一些量的增长，但因为行业规定等明显制度限制导致生

---

[1] 布迪厄.再生产[M].北京：商务印书馆，2000.

产率较低，新的体系也正在等待成熟。

18 世纪末，工业革命带来了大规模的机械作业，早期"工厂化体系"将人力集中实现精细化分工，发明家不断发明新的设备，降低成本，提高生产率。在这一时期，研发通过组织系统化的方式完成。这些新的体系对社会结构与日常生活带来深远影响，社会阶层不断冲突变化，国家继续发生日新月异的变化。

之后重大的转折点就是 19 世纪末 20 世纪初大规模组织化的生产，这标志着经济社会现代化高度组织化的诞生。泰勒制、福特制成为广泛推行的工厂组织模式，效率不断提高。时至今日，我们经历的最后一个重大的转折就是创新转折。20 世纪 40 年代以来，创意时代对组织化时代遗留的创新局限性有了合理的解释和修正，我们的经济环境和制度也更加适合人类创意的产生，创意阶层也由此孕育而出。

三、创意阶层消费选择

创意下的社会结构可以剖析为最为重要的三个部分：首先是技术创新以及整体创意活动的新格局；其次是别具新意的生产服务模式；最后是推动创意产生的社会地域背景。创意社会最后一个也是常被忽视的结构就是创意环境，生态系统和谐才能保证创意形式之间相互融合，从而产生新的成果。环境容纳度高，就会激励创意人迁移，同时知识和观念创新会构建起完整的创意结构。

在这样的框架下，居民身份根据各自工作性质的区别被重新划分为创意阶层、服务阶级以及工人阶级，打破了按收入标准划分的上层阶级、中产阶级以及下层阶级的原有设定。所以对其消费选择也需要有进一步的重新审视的过程。具体体现为三大方面的特征：消费观念与社会地位变化、文化消费方式与身份认同，以及现实焦虑与消费异化。

消费观念变化是由高等教育和收入水平决定的，基本包括对耐用消费品的抛弃和对享受发展性精神消费品的追求。这与高福利发达国家有一定区别，但中国的这类"土豪"群体经济地位提升带来的优越感让他们更注重生活品质，也更加注意维护自己的形象地位，在社会中成了一股积极正向的维护社会稳定的力量。他们的消费主张正在引领社会群体的靠拢，以脑力工作为主的人群显然会更期待过上无忧无虑的健康幸福生活。

文化消费方式，即重视文化内涵。有时消费并不全是"雅俗共赏"，更体现了个人欣赏水平的差异。这一阶段人们对美好生活的向往不再虚无缥缈，消费成为自我价值输出的一种表现方式。当今创意阶层更愿意通过消费来确立自己的身份地位，这是一种精神气质的体现，用外在物化的价值符号作为阶层标识与生活格调的区分。

虽然创意阶层消费的选择有着区别以往经济形态下的积极方向，但也存在令人担忧的一面。比如财富本身炫耀性的直接体现就是消费，创意阶层的生活和灵感往往是通过接触一些非必需品甚至艺术品来培养的，这与社会所提倡的反对奢侈观点存异。一方面品牌消费在拉动经济方面功不可没，另一方面在现有社会中占少数人口的阶层却占有相对明显的经济实力优势，对经济发展起到主导作用，如果创意阶层在财富观念思想上出现困境，就极有可能导致消费异化和生活作风的下降。因此创意阶层需要不断在内心警示自己用高级趣味填补内心空白，保持审美情操和必要的自我约束，实现与中国社会文化发展相融合。

第四章 新时代的城市文化新业态

单红松

城市中国研究院执行院长

第一节　消费时代的业态革命

新时代既是一个城市的时代，也是一个真正属于消费者的时代，城市的意义将不再是主要生产有形产品，而在于通过无限的创意性消费而产生生命的意义。在这个高度上，城市的主要属性不再是一个生产的场所，而主要是发生消费、产生文化的场所。一个个发生某种消费、产生某种文化的场景，就是城市文化新业态。城市，将作为全人类的大脑，消费人类所能生产的大部分物质和能源，全力思索生命的意义和人类的前途。我们可以预见，人类在历经漫长的物化迷途之后，真正进入一个摆脱了物质奴役的精神自由时代。

一、消费时代的来临

传统的城市是以生产者为中心、生产与消费场所严重分离的城市。产业功能区（如工业园区）就是典型的生产城市的概念。在工业化和城市规模发展到一定程度后，工业园区通常都分布在城市边缘或郊区，以避免工业生产对人口密集区产生不良影响。又如商务功能区，是由商业街区发展而来的，但已经与商业街区有了明显区别：商务功能区直接为居民即消费者服务的性质很少，主要是生产性服务业，因此商业功能区主要服务于企业总部和金融机构，与之相应的城市形态是高楼林立、交通密集。

传统城市由生产者主导，根本上是由于物质消费品相对稀缺，消费者相对生产者在社会生活中居于不利地位。虽然世界主要发达国家甚至如中国这样的新兴工业国家普遍形成了买方市场，但结构性紧缺仍然普遍存在，不断探索人性并挖掘其中蕴含的消费者需求——即泛研发活动——占据越来越多的生产成本。这也是创新型国家总是领导世界的原因。

到达或接近后工业时代,城市开始向消费的时代转变。美国芝加哥大学教授特里·克拉克研究团队提出了"场景理论",把对城市空间的研究从自然与社会属性层面拓展到区位文化的消费实践层面。他们认为,消费者和生产者对城市的理解方式从根本上是不同的。消费者对城市的理解主要是用自己的感官和心灵去感知,这种感知是以场景为单元的。一个场景能吸引他,他就驻足停留甚至投入更多资源产生消费;如不能吸引,则飘然而过。消费者正是用这样一种方式塑造着产业的形态和城市的形态。①

二、消费时代的新业态

长期以来,各界对产业有足够的重视,而对业态则不然。一般认为业态只是产业的具体形态,产业和业态是内容和形式的关系。日本零售业专家安士敏认为:"业态是营业的形态,是形态和效能的统一。形态即形状,它是达成效能的手段。"② 这样的认知本无原则上的错误,但常见的偏差是将两者割裂开来,忽略了它们之间辩证统一的关系。包括安士敏的看法也是相对片面的,对于业态在某种条件下对产业的决定性影响认识是不足的。如果承认产业和业态是辩证统一的,则两者是相辅相成的关系,而非单向决定的关系。

社会、消费者甚至某些地方政府还常常分不清产业和业态,这是一种业态尚未自觉的表现。实际上,产业也并不是天生自觉的,而是经济活动从社会生活中人为分离出来的结果,只有自觉的、连续的和成规模的生产活动才可以称为产业。在这个意义上,产业革命即是产业活动的自觉。产业革命发生后,产业成为经济活动的主流,但并不意味着产业是唯一的经济活动。

业态是产业面向消费领域和社会生活的入口,是新消费方式变革的主战场和新生活方式的容器。产业自觉带来了产业革命,业态自觉则带来业态革命。在业态自觉的时代,产业链和供应链将以消费者需求为动力得到空前的整合,消费者通过对业态的直接影响决定一种生产方式、一家企业甚至一个产业的命运,这才

---

① 吴军,夏建中,特里·克拉克.场景理论与城市发展:芝加哥学派城市研究新理论范式[J].中国名城,2013(12):8-14.

② 安士敏.日本超级市场探源[M].北京:中国人民大学出版社,1992.

是新时代——一个城市的时代，同时也是一个消费的时代。

与消费者亲密接触的行业走在业态革命前面——消费者开始用自己的手指（支付选择）和脚（场所选择）投票，直接决定业态，进而影响产业。比如网约车和共享单车都是传统产业的新业态，分别是出租汽车和公共自行车的互联网化。网约车刚出现时，出租车生意大受影响；共享单车出现时，出租车的短程生意同样减少很多。出租车司机对此类新业态虽然有很多不满，但也挡不住新业态前进的脚步。共享消费理念和共享消费方式就这样深刻影响了我们的出行方式，所谓共享文化，正是借助这样一种新业态而兴起的。没有一种能够脱离具体的物品使用价值的"共享文化产业"。

第二节　文化新业态的崛起

一、概念上的文化新业态

受日本影响，中国在一段时间里也主要在零售业使用业态这个概念，但很快其应用范围就不断扩大，住宿业、生活服务业、商务服务业等行业也开始使用，今天更包括文化创意、互联网、房地产开发、城市运营等行业，且仍在不断扩大。

有意思的是，文化行业几乎从一开始使用就是以"文化新业态"的概念提出的。由于文化产品的生产和消费通常是一体化的，所以用传统的生产和消费分离的方法研究文化产品是基本不适用的。并且，文化产品本身相对无形，文化消费的具体场景即文化产业的营业形态才是看得见、摸得着的。因此，采用"业态"一词对文化产业进行研究、实践和规范，在这个语境中，业态实际上是"产业形态"之义。文化新业态的提出赋予了业态这一概念更广义的含义，标志着业态开始走向独立和自觉，成为"产业"一词以外用来描述产业的重要概念。

在消费时代，文化新业态是业态革命和业态创新的重要阵地，其重要程度，已经引起党中央和国家的重视。党的十九大报告提出："健全现代文化产业体系和市场体系，创新生产经营机制，完善文化经济政策，培育新型文化业态"。

二、传统文化业态的创新

传统上的文化产业，由于国家的条块体制和分行业管理，形成了头脑中的所谓"纯粹的"文化产业，如演艺、电影、音乐，与之相应的是貌似"纯粹"的文化业态，如剧院、电影院、KTV等。但实际上，这些业态也很难说是"纯粹"的，如果非要办成纯粹的，则可能会给消费者带来很大的不便。在20世纪 90 年代以前，剧院和电影院可谓纯粹，观众在观赏过程中不能吃、不能喝；与此同时电视、家庭影院却异军突起，观赏体验比较的结果就是观众大量流失，剧院影院纷纷倒闭。

进入 21 世纪，商业综合体的兴起使电影院有了新形态。一是多厅影院为主，小影厅为主，观影氛围更温馨，放映场次更频繁，观众对场次、时间的选择更多；二是与餐饮、小吃、购物相结合，影院一般自营爆米花、饮料等，设计有大量的电影衍生品宣传空间，更重要的是影院一般不再孤立建设，均依托商业综合体、购物中心或商业街建设，用业态之间的相互配套改善观影体验，促进文化消费。

又如网上书店。传统图书的主要发行渠道是实体书店，自从 21 世纪初宽带互联网和网上购物开始普及以后，网上书店迅速代替了实体书店。目前我国最大的实体书店新华书店，过去在发行市场有个专用的别名叫"主渠道"，但现在已经只能保证在省会以上城市有完整的代表性网点，其余城市则不能保证，网上图书商城变成了事实上的"主渠道"。

除了发行渠道的创新以外，甚至图书本身的形态都开始发生变化，电子书在图书市场所占份额越来越大，纸质书所占份额则越来越少。阅读图书的场景相应地由实体书店、传统的图书馆等场所，转移到了手机端、平板电脑、电子书阅读器等。

书店还有一种业态在保持着自己顽强的生命力，就是完全围绕个人读书偏好的个体书店，它的经营主要依托于读书人群体的社交群体的有机生长。店主通常是一名爱书发烧友，而围绕在他的交际圈内的层次不同的爱书者则是他的固定顾客群体，社交群体和顾客群体合二为一，这可能是实体书店继续存在下去的唯一理由。如果我们未来的城市还能够保持某些书卷香气，就要在现实空间和虚拟空间中为更多的爱书者保留必要的促进读书主题交往的空间。

再如音乐行业的几种业态。KTV 是 20 世纪 80 年代兴起的大众化文化娱乐业态，近年来钱柜、大歌星等龙头企业的衰落曾在行业内外引起了较大震动，甚至给人一种 KTV 行业即将没落的感觉。实际上，KTV 背后的音乐产业并没有衰落，只是业态在洗牌：早期唱片、磁带行业的衰落，是被互联网音乐所替代；今天量贩式 KTV，是被自助式 KTV、酷狗 K 歌等互联网音乐软件等更多业态替代了。

严格地说，所谓"纯粹"的文化业态并不存在，文化业态创新——文化新业态则几乎全部是行业融合的结果。

三、新场景中的文化新业态

文化属于意识范畴，它不能独立于物质而单独存在，它借助各行各业和各种业态呈现出五彩缤纷的大融合态势，以致很多产业看上去都像文化产业。

行业融合本质上还是一个生产者角度的概念，从这个角度看文化新业态的价值在于，可以对传统产业进行整合创新，比如文学与互联网相结合，形成网络文学，游戏与互联网融合形成网络游戏，游戏与旅游融合形成主题公园等。虽然说很大程度上生产决定消费，但这主要是生产者主导的工业时代的经验。在工业社会及以前，产品是相对稀缺的，产品的生产方式更是具有极大的惯性，每一种生产方式背后都是科学家艰难的探索、发明家无数次失败试错的发明及工程师精益求精的工艺优化的结果，消费者并没有很大的选择空间。但是在消费时代，产品极大丰富，自动化甚至智能化制造技术将空前地满足消费者天文数量级的个性化需求，消费者在海量的消费选择面前，更愿意以自己最舒适的体验来选择文化消费方式，而不再愿意也不再有可能去考虑生产方式的问题。因此，转换到消费的视角，以消费场景为单元对文化新业态进行研究，将变得更有效和更有意义。

场景1：虚拟空间

第一种新场景是虚拟空间，代表任意场景。虚拟空间即完全由人想象出来的空间。最典型的虚拟文化消费是游戏。游戏本是"纯"文化现象，是人类通过模仿世界和社会，实现学习和成长的一种方式[1]。游戏精神是人在童年学习成长的主要动力，成年以后还能继续保持终身学习成长的人，本质上靠的也是一种游戏精神，即人尊重世界、欣赏世界、探索世界和改变世界的愿望。在工业社会，满足人游戏需求的主要是玩具。但是在互联网社会，游戏变成了互联网游戏、手机游戏、虚拟现实游戏；与旅游相结合，变成了主题公园。

虚拟空间的文化消费并不是完全虚无的，它相对于现实世界虽然具有一定的独立性，但归根结底是在现实世界基础上生长出来的，两者是不可彻底分离的。因此，网络游戏、手机游戏等虚拟文化产品，一俟物联网和虚拟现实技术成熟，即急不可待地第一个加以应用。现在虚拟现实头盔、虚拟现实购物、4D电影等基

---

[1] 简·麦戈尼格尔.游戏改变世界[M].闾佳,译.杭州：浙江人民出版社,2012.

于虚拟现实技术的文化产品已经在大规模普及的前夜。未来我们也许可以看到，能有效支持虚拟现实技术的 5G 移动网络、物联网、智慧城市信息平台等软硬件系统将成为城市标准基础设施的重要内容，后现代城市将是虚拟空间和现实空间完全融为一体的四维空间。

场景 2：融合空间

第二种新场景是各现实空间之间的融合，代表虚拟空间与现实空间之间、各种现实场景之间相互进入或切换的入口。例如，实体书店在数字图书馆、手机、平板电脑和电子阅读器等阅读方式崛起的挤压下衰落，但是它并没有坐以待毙，图书销售巨头亚马逊正在布局自己的实体书店——实际上是与网上书店保持密切联系的实体书店，线上线下书价完全同步，是一种网络与现实融合的业态。

又如主题公园，它一般是以某种强势主流文化或特色亚文化为主题、纯人工打造的旅游体验产品，通常以经典文学作品、影视作品、民间故事或网络游戏为题材，把作品中原纯属想象的内容从虚拟空间移植到现实载体中。如迪士尼主题公园主要直接取材于迪士尼公司历年成功的电影作品，间接取材于以欧美为主的世界各国文化；丹麦蒂沃利公园当然主要取材于享誉世界的丹麦童话；深圳世界之窗则取材自世界各国的著名建筑物。主题公园有两个突出特征：一是纯人造或人造为主，文化属性可谓十分"纯粹"，但由于其巨大的体量，除了"住"由周边城区配套以外，吃、行、购、游、娱五要素俱全，是典型的超级融合型文化产品；二是主要依托大城市市场，属于典型的人口密集型业态。

场景 3：居住空间

第三种新场景是以某种主题文化打造或形成的住宅、社区居住环境。这种空间虽然严格来说并非一种文化业态，而更主要是一种社会形态，但它代表着最为传统的固定场景，并且具有最为稳定的生态性，是大多数人消费频率最高的文化消费场景。

随着房地产业政策收紧，房地产业大干快上阶段明显加快结束。有很多以中高端产品为主的房地产开发企业已经开始声称停止卖房，转卖文化，如某房地产开发商打出了"幸福系统运营商"的招牌。城市不同于乡村，居住环境很难体现多少自然特色，所以主要在文化上下功夫。绿色健康、中医养生、园林文化、风水文化、植物文化、艺术教育、亲子空间、幸福生活、公共空间等都是常见的文化诉求，居住环境也是一个由多种文化业态和产品融合而成的超级融合型文化生态。

　　围绕居住空间还滋生出一些非业态性的文化形态，如广场舞就是一种极具中国特色的文化现象，本属于殿堂的艺术，与公共空间相结合，就变成了这样一种颇为奇葩的文化现象。它是一种文化形态，而不是一种文化业态，因为它完全是兴趣性的、非营利性的。但这样的文化现象却是整个文化生态的有机组成部分，犹如互联网中大部分免费用户和少部分付费用户的关系，没有足够基数的免费用户，就不可能形成足够数量的付费用户规模。

第三节　构建文化新生态

在消费城市时代，产品的极大丰富使消费者获得了空前的精神自由，精神自由导致了个性的极大舒展，于是个性化消费将成为主流。由于精神自由和个性舒展，使得一切消费都不可避免地带有了文化属性，精神和文化决定着业态，业态进而决定着生产方式。

一、小批量、定制化

个性化消费意味着生产的小批量化，这是传统大工业开始被消费者瓦解的前奏。经典经济学教材说，批量和成本是呈反比的。既要小批量又要低成本，这似乎是一个"死结"。但之所以说是"死结"，是因为以前的技术研发主要是由大工业生产者主导的，若换作以消费为主导，则小批量、相对低成本没有什么不可能，比如3D打印、智能制造就是小批量、低成本生产的利器。

二、物质产品生产的智能化

智能化制造技术是实现小批量、定制化生产方式的前提，未来绝大部分纯物质产品生产方式都必须是智能化的。

（一）物质文化双重产品生产的艺术化

少部分很难实现工业化、智能化批量生产的产品，仍将继续保持手工、半手工生产方式，至少在实现工业化、智能化生产方式以前，将突出手工优势和产品的文化属性，向艺术品方向发展。如餐饮中具有表演性质的品种、极高端食品和餐饮业态、刺绣等手工艺品。

（二）工农业都市化

小批量、低成本制造技术兴起后，工业形态也将发生质的变化：都市化工业植入日益庞大而精细的服务业体系，在各产业都自觉接受来自业态终端的指令的前提下，与城市人口和建筑高密度环境更加友好，工业日益与服务业融合，难分彼此。

由于高铁等新型快速交通方式的发展，城市郊区的地理范围不断扩大，并将大部分城市间的农村地区完全连成一片，大部分中东部城市密集地区间的农村地区都将成为城市郊区；与之相应的是大部分农业都将以城市文化新业态为龙头整合起来，成为都市农业或郊区农业，其本身也将成为文化新业态的一部分。都市农业和郊区农业的主要业态包括订单农业、休闲农业、设施农业、生态农业等。

（三）业态的极简化

业态是服务于人的系统化、生态化工具。一种东西，只要它不是代表生命的终极意义，那它就一定会被越来越简化。当一种业态可以做到极简的时候，就更容易与更多的其他行业或业态发生结合，进而形成更多新业态。比如与书店、酒吧、音乐厅、主题会所相结合，则它们可更加专注于打造自己更加擅长的文化氛围，吸引凝聚一个小社群。一个个有着小相同、大不同意趣的社群，就是一个社会生态。而以社会生态为基础，形成相应的产业生态，这便是产业的未来。

三、文化新业态引导供应链再造

进入近代以来，社会经济开始以产业为主导，产业最初是指工业，进而以工业为主导形成了第一、第二、第三产业的划分标准，以及以工业制造业为龙头的产业链。现代社会的产业链是以交易为基础的，产业链各环节、各企业、各主体之间主要是物质产品交易关系。而到了后工业社会和消费时代，消费者将成为社会生产、生活和发展的主导力量，生产者不再向消费领域输出成套的生活方式，而是消费者创造新的生活方式，反过来向生产领域输出相应的生产定制标准，产业链也将向以合作为基础的，资源、信息和生产计划高度整合的供应链转变。

在产业规划中，通常把工业和服务业尤其是文化产业对立起来，常见的说法是"退二进三""腾笼换鸟"，都是希望把工业、低端产业转移到别处，把服务业、文化产业、高端产业吸引到自己的地盘。其实，文化产业并非不食人间烟火，它同样需要工业和服务业的支持，只有各种产业用供应链有机联系在一起，形成产业生态，服务于某个理念和某个理想，冰冷的 GDP 才会是更有意义的。

我们以居住空间场景为例进行设想，在这个场景中，人们崇尚的生活方式是和谐的家庭关系、友好的邻里交往、乐观的情绪、优美的环境、健康的饮食、富足的精神生活等。这样的生活需要的产品和服务是全方位的，品种可能数以百万计，但消费者会以一个伟大的群体规划师的超强能力对一个个产业进行规划：

——为了节省时间，也因为能够满足自己胃口的厨艺并非人人都有，大部分家庭大部分时间并没有做饭炒菜，社区和城市将有足够的各种食堂、餐馆、饭店提供可完全定制化的餐饮，甚至能够根据大数据为每位食客定制科学合理的个人食谱，至于随时送上门的外卖现在就已经实现了。

——如果这些餐饮店铺采用传统的业态，那么它们将占据很大的空间，餐食质量非常依赖厨师，厨师的情绪都可能影响每顿饭菜的口味，而且烟熏火燎的制作方式还会带来污染。所幸未来的大部分餐饮店铺都将得到强大的工业、农业和服务业支持，食客在食堂或打包外带食用的时候几乎看不到烹饪的过程。因为，为了营造一个健康、环保、便捷、高效、轻松、充满休闲浪漫氛围的居住环境，满足吃的需求的一切都合理地分布在一条高效的供应链上。

第四节　城市文化新业态的未来

在消费时代，文化将成为城市居民生活的主要意义，人们不再把胡吃海喝当作一种面子或排场，也不再会有人以浪费为炫富手段。科技的使命是让一切不必要的物质工具和手段变得更简单，最好简单到注意不到它的存在；文化的使命是从一切不起眼的想法中找到新的乐趣和生命的新的意义。这时，业态既是一种产业生态，也是一种人生心态，更是一种生命状态。

社会日益多元化、社群化，是消费方式个性化、多元化的社会基础。在消费品绝对短缺和结构性短缺时代，消费本身就是生活的直接目的，所以产生了很多购物狂、非理性消费等现象。但在消费时代，把消费本身作为目的的畸形消费正在退场。追求生命的意义，顺便发生必要的消费，将是未来消费的主要方式。

第五章 城市文化产业及其空间集聚的经济机理

苏雪串
中央财经大学经济学院教授

李润苑
中央财经大学经济学院区域经济学硕士研究生

第一节　城市文化产业发展的背景和态势

文化与经济的融合是城市经济发展的重要态势，主要表现为城市文化产业的发展及文化功能的提升。

经济和文化是人类社会发展的两个基本方面，两者相互依赖和促进。从发展态势来看，文化与经济的融合已经成为当代城市经济发展的显著特征，主要表现在：一方面，城市辐射力与城市文化密切相关，城市文化功能与城市能级正相关，而城市能级主要取决于城市产业结构层次，产业结构升级包括文化产业比重的上升及其他产业的产品和服务中文化内涵的增加；另一方面，城市的历史文化既是文化产业发展的资源，也是提升城市文化魅力和其他产业发展的外部环境。[①] 近年来，在全球范围内的社会科学研究中出现了一个趋势，即"文化转向"（Cultural Turn）。这一趋势对于城市经济发展的启示主要在于相互联系的两方面：一方面是要重视传承和利用城市的历史文化，以提升城市个性魅力；另一方面是发展文化产业，优化产业结构，以提升城市能级。

世界银行（1998）发布的《文化与持续发展：行动主题》报告指出，文化为当地发展提供新的经济机会，并能增强社会资本和社会凝聚力，表明文化在城市经济社会发展中的作用不断增强，并与经济、政治的融合程度越来越高。以研究竞争战略和优势著称的迈克尔·波特也强调，基于文化的优势是最根本的、最难以替代和模仿的、最持久的和最核心的竞争优势。因此，经济与文化的融合成为促进文化产业发展从而提升城市能级的宏观环境，也决定了城市文化产业随着城市能级增加而提升的态势。

---

① 主要表现在城市历史遗产的商业化成为城市文化经济的重要内容，以及特定产业构成或引致的特殊的商业文化环境。

一、文化产业是提升城市文化功能的重要途径

城市也是一种文化形态，文化功能是城市的三大基本功能之一。文化功能分为有形与无形两种，有形的文化功能指城市的科学、教育职能等，无形的文化功能指城市的文化传统、社会方式、价值观念对城市以外空间的影响力。随着城市经济社会的发展，城市文化功能的增强是一个重要态势，而城市文化功能的发挥主要依托文化产业的发展。

文化产业是以文化属性为依托，通过满足人们娱乐、求知、审美、休闲、健身、交际等精神和智力需求来获得利润、从事精神文化产品生产和服务的行业。从产品特征来看，文化产业可分为三类：①生产与消费均以相对独立的物态形式呈现的文化产品行业（图书、报刊、影视、音像制品等）；②以劳务形式出现的文化服务行业（戏剧、舞蹈、体育、娱乐的策划、经纪业等）；③为其他商品或行业提供文化附加值的行业（装潢、装饰、形象设计、文化旅游等）。从产业链来看，许多物质产品的外观设计、性能等都具有文化内涵，即这些产业的部分生产环节属于文化产业。作为智能化、知识化的高附加值产业，文化产业具有高端、高效、高辐射力的特征。同时，文化还决定产品的辐射能力，产品所包含的文化个性和文化精神，使产品在一定的消费区域和消费层次增值并产生辐射作用。依托文化的渗透力增强产品的辐射力，以及成为扩张产品市场、促进经济发展的驱动力。

在后工业化社会，文化与经济融合的重要特征就是"文化产业化"和"产业文化化"。因此，文化产业是城市文化的重要载体，也是提升城市文化功能的重要途径。文化产业发展并促进城市的文化功能提升，城市文化产业与城市文化功能之间相互促进，且随着城市发展而不断强化。

二、文化产业与城市能级

城市能级主要表现为城市对城市以外地区渗透和辐射的范围和程度。而渗透力和辐射力主要取决于发挥城市功能的主导产业及其集聚程度。因此，城市能级与城市文化产业密切相关。

(一)文化产业通过优化城市产业结构从而提升城市能级

经济发展水平的提高伴随着产业结构的优化和升级,因而高能级城市的产业结构层次较高。作为具有较大辐射力的高端服务业,文化产业的发展不仅能够优化和提升城市产业结构层次,而且还会促进城市能级的提升。

无论是在国家还是城市层面上,竞争力的提高和影响力的扩大都不仅取决于物质生产能力,精神文化生产和创新及输出能力也是重要的影响因素,且其作用具有不断增强的趋势。在经济与文化融合发展的背景下,知识含量是决定产品附加值的基本因素。知识含量包括科技含量和文化因素,同时具备科技内涵和文化内涵的产品最具竞争力。因为商品的市场价值可分解为使用价值和观念价值。前者是客观的、具有一定使用功能的有形商品,由科技创造形成;而后者是主观的可以体会和感受的无形附加物,是因文化渗透而生,是附加的精神观念。

随着消费水平的提高,商品所包含的观念价值对于商品的市场需求具有更重要的作用。包含以文化色彩和精神气质构筑的高附加值的商品,才有高品位和竞争力。产品文化竞争的实质是通过产品所倡导或体现的文化来影响公众的意识形态、价值观念、生活习惯等,以使公众了解和接受。产品所包含的文化个性和文化精神,使产品在一定的消费区域和消费层次增值并产生辐射作用。依托文化的渗透力增强产品的辐射力,已经成为扩张产品市场、促进经济发展的驱动力。

(二)文化产业通过促进创新驱动从而提升城市能级

城市发展的核心驱动力是影响城市能级的重要因素。城市发展取决于城市所拥有或吸引的资源或要素的数量和质量,主要包括土地、劳动、资本、技术、文化、知识六大要素。这些要素在使用过程中释放出不同形态和不同能级的"负熵流",从而形成不同能级的驱动力。波特根据不同阶段推动经济发展的关键要素的变化,把城市和区域发展划分为要素推动、投资推动、创新推动和财富推动四个阶段。根据城市发展的阶段性规律,在城市发展的不同阶段,六大要素的相对重要性会逐步更替,从而形成不同能级的城市类型。在城市发展的早期阶段,城市发展主要依赖要素驱动,即通过土地、劳动、资本投入的增加以扩大城市规模,促进城市经济增长。随着城市的成长,"土地约束""资源约束""环境约束"逐渐成为制约城市发展的主要矛盾,从而导致文化、知识和技术在城市发展中成为最为重要的要素,为城市成长提供高能级的"负熵流",即创新成为城市发展的核心驱动力。

发展文化产业有助于实现创新驱动,因为文化和知识生成功能是影响城市创新能力的重要因素,而这类功能的发挥主要依赖以知识为基础的文化产业的发展。技术是相通的,而文化有其多样性、丰富性和独特性,通过文化与技术的交融创新,能够创造出新的竞争优势,从而提升城市能级。

第二节 文化产业应成为高能级城市的主导产业

各级城市都可以发展文化产业,中小城市主要适宜发展地方旅游、生产具有地方文化特色的产品等,但是,资源禀赋和城市环境等决定了文化产业应成为高能级城市的主导产业。文化产业是高能级城市的比较优势,也是城市辐射力依托的主要载体。越高能级的城市,文化产业的主导地位越显著。

一、高能级城市具备文化产业发展的环境和要素禀赋条件

高能级城市是世界舞台的重要角色,作为全球化的空间节点,高能级城市占据着全球经济文化活动的制高点,是各种资源和能量集聚与释放的空间节点,承担着世界性调控和集散功能,是提升国际竞争力和文化辐射力的重要载体。在全球范围内,高能级城市一般都是规模较大的城市,即城市能级与城市规模正相关。规模较大的城市能够获取集聚经济效应和规模经济效应,从而具有较高的经济效率,并且具备发展文化产业的环境和资源优势。

第一,高能级城市具有多样化的经济功能和密集的内部社会关系,拥有各种产业特别是高端服务业,向其他地区提供商品、服务和信息,因而具有较强的辐射能力。随着收入水平的提高,消费者越来越重视商品和服务的审美属性和符号属性,而高能级城市的高辐射力导致其产品的价值认同度较高,因而拥有适宜于文化产业发展的外部环境和区位优势。

第二,与其他产业一样,文化产品的生产与消费也具有生产或生产的部分环节向大城市集聚,而消费则具有更广阔的市场网络。在全球化背景下,一些地方的文化甚至遭到侵蚀,文化传统和标准受到严重威胁;而另一些地方则在不断扩大其受众,特别是纽约、伦敦、东京、洛杉矶、巴黎等城市成为文化向全球辐射

的主要源泉，其提供的文化产品在世界范围内传播和销售，不仅带动了这些城市的经济增长，而且提升了其辐射力的竞争力。

第三，文化产业的发展取决于3T要素——技术、人才和宽容（Technology, Talent and Tolerance）的供给能力，高能级城市具备这些资源优势。创意产业的发展还依赖于创意阶层和富有创造力的人才的积累规模。美国的城市学家理查德·佛罗里达的"创意阶层"（Creative Class）理论认为，创意部门的从业者是通过其思维而获取收益的。将创意阶层分为高级创意核心层和创意专业人群两类：前者主要在计算机、数学、建筑工程、生命、物理和社会科学等学科专业领域，从事教育、培训、艺术、设计、娱乐、体育和媒体等职业；后者主要包括从事相关管理、商业、金融、法律和高端销售管理等活动的白领阶层。

高能级城市拥有丰富的文化基础设施和文化积淀，成为发展文化产业的基础和保障。硬件设施包括大量图书馆、博物馆、美术馆、剧院、公共体育设施及开放式公共空间（包括公园、海滨广场、动物园、纪念碑、雕塑和历史性标记等）。文化软件资源的载体包括影视和传媒（报业、出版业、广播电视业）等。高能级城市发展文化产业还有一个优势，即丰富的文化活动，市民的文化活动参与率较高，这些活动显示了城市的文化活力，也提供了文化产业发展的环境。

二、高能级城市文化产业发展的国际经验分析：以伦敦为例

西方发达国家城市文化与城市发展之间关系的演变过程表明，早期主要突出文化的公益性和文化在精神层面的作用；后来，文化作为经济资源的重要性提升，文化产业成为城市经济的重要内容。自工业革命以来，城市文化产业一直处于迅速发展的态势，特别是20世纪70年代以来，经济发展进入后工业化阶段，文化产业已经成为高能级城市的主导产业。其结果是：一方面，促进了城市的就业和经济增长；另一方面，扩大了城市的辐射力和文化魅力。

英国是世界上最早确立"文化创意产业"概念的国家。文化创意产业是英国工党政府于1997年提出的一个新经济战略概念。[①] 根据英国创意工业小

---

① 1997年，英国工党政府上台后，成立了文化媒体及体育部，由部长级官员统筹"创意工业行动小组"，制定专门政策，力图把经济模式转型至"创意经济"，使伦敦成为"创意城市"。

组的定义，文化创意产业主要是指那些源于个人创造力、技能和天分的活动，通过知识产权的生成和利用，进行创造财富和增加就业机会的产业。即强调文化创意产业是将个人的智慧与技能、创造性的思维赋予产品延伸和附加的价值。

伦敦拥有丰富的文化资源，一直是世界重要的文化中心。20世纪末，在英国把文化创意产业作为振兴国家经济的背景下，文化创意产业更成为伦敦的主导产业，文化创意产业为伦敦提供了大量的就业机会和经济收益。1995—2000年间，伦敦新增就业岗位总量的2/5是由文化创意产业提供的。2004年，伦敦的广播电视、广告、音像出版、影视制作与发行、新闻机构、图书出版等文化产业占英国就业的份额在50%左右。[①]

2003年，伦敦公布了《伦敦：文化资本、市长文化战略草案》，提出文化发展战略是维护和增强伦敦作为世界卓越的创意和文化中心的主要途径，并要把伦敦建设成为世界级文化中心。英国1/3的演艺公司、70%的唱片公司、90%的音乐活动、75%的广播与电影收入、46%的广告从业人员、85%的服装以及其他各类设计师都集中在伦敦。伦敦每年要吸引近千万的国内外访问者参观博物馆、公共图书馆、英国文化遗产景址以及观摩音乐、戏剧、舞蹈、时装表演等。图5-1～图5-3显示了近年来伦敦文化产业的增加值和就业及其在伦敦经济中的主导地位。

图5-1显示了伦敦文化创意产业增加值GVA（Gross Value Added）及其占伦敦所有行业比重的变化情况，可以看出文化创意产业GVA呈稳定上升的趋势，且在伦敦经济中的比重总体来看趋于不断提升的态势。

从就业来看，根据DCMS（the Department for Culture，Media & Sport）的定义和Nesta（2008）的"Creative Trident"（创意三叉戟），创意经济相对于创意产业更广泛，即创意产业＝创意产业中的非创造性工作＋创意产业中的创造性工作；创意经济＝创意产业中的非创造性工作＋创意产业中的创造性工作＋非创意产业中的创造性工作。图5-2和图5-3分别显示了伦敦文化创意产业与文化创意经济占总就业岗位比重的变化态势。

[①] 徐井宏，张红敏. 转型：国际创新型城市案例研究[M]. 北京：清华大学出版社，2011.

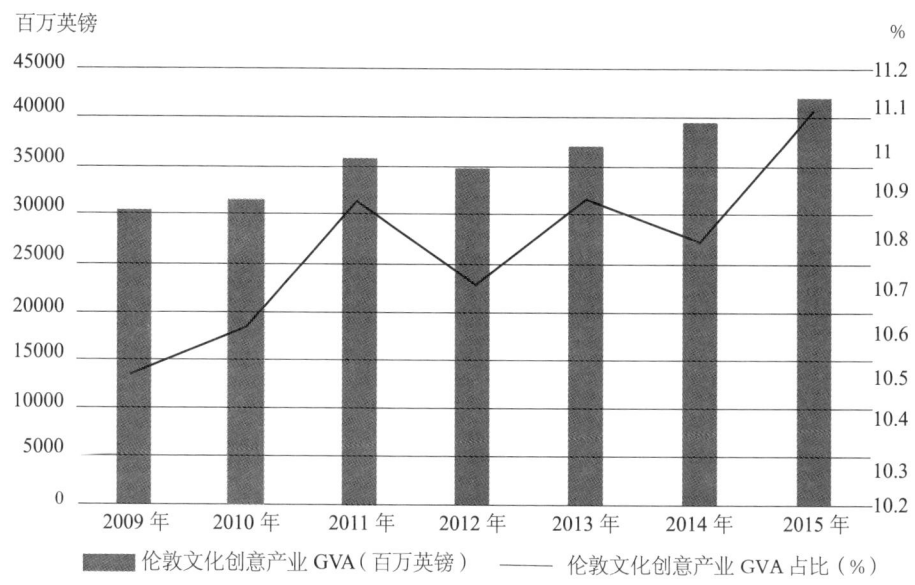

图 5-1　2009—2015 年伦敦文化创意产业增加值及其比重

数据来源：由大伦敦政府经济报告整理所得。

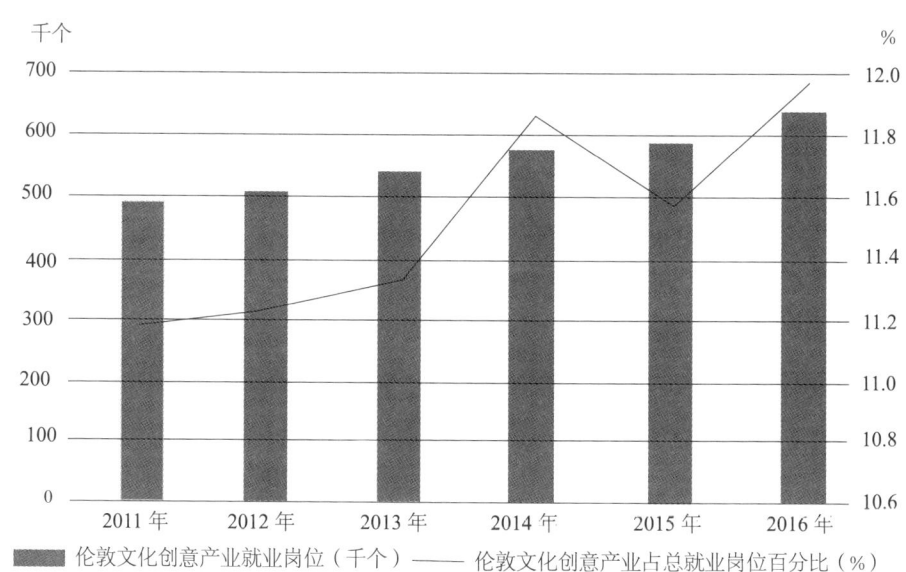

图 5-2　2011—2016 年伦敦文化创意产业就业量及其比重

数据来源：由大伦敦政府经济报告整理所得。

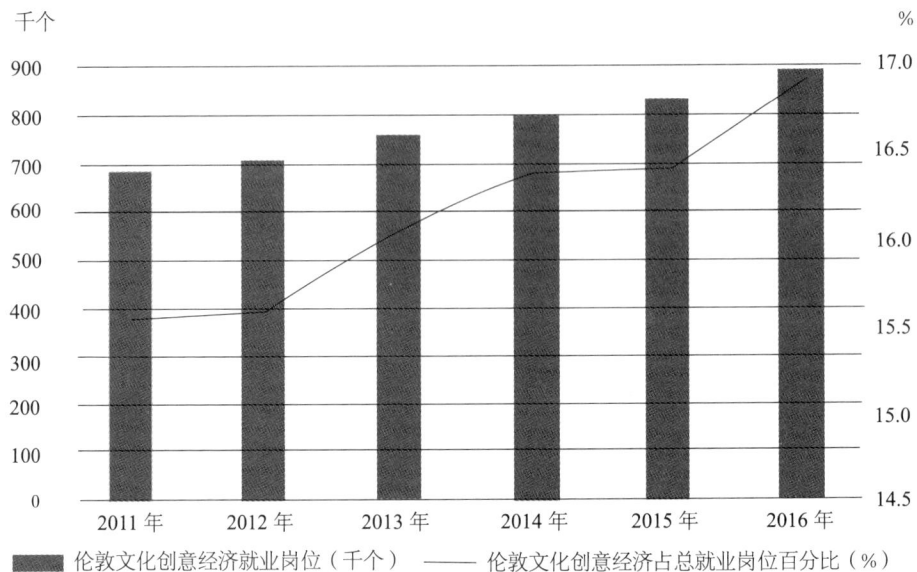

图 5-3　2011—2016 年伦敦文化创意经济就业量及其比重

数据来源：由大伦敦政府经济报告整理所得。

可以看出在 2011—2016 年间，伦敦文化创意产业和创意经济的就业岗位及所占比重呈上升趋势，在此期间，文化创意产业就业岗位增长了 25.4%，文化创意经济就业岗位增长了 28.0%，超过伦敦整体就业岗位增长率 17.5%。

可见，不论从增长速度还是产值和就业比重来看，文化产业都是伦敦经济的主导产业。伦敦文化创意产业的发展实践为其他高能级城市提供了值得借鉴的经验。

第三节　城市文化产业的空间集聚

文化产业的发展需要适宜的外部环境，通过空间集聚，以获取规模经济效应和外部经济效应。

一、产业集聚的一般分析：规模收益递增是经济空间形成的内在经济动因

就经济活动区位选择的基本理论而言，单个微观经济主体的区位选择都受其他相互关联的经济主体区位选择的影响，即区位选择本质上是相互依赖的。通过空间集聚能够实现空间规模收益递增，实现集聚经济效应。工业化以来，经济活动的空间布局从全球来看都是倾向于集聚而非分散，产业集聚及其所导致的空间极化是一种世界性的普遍现象。西蒙·库兹涅茨[①]（1989）研究世界各国经济增长后总结出：经济活动的空间集聚是伴随现代经济增长的主要事实之一。

除了自然条件、资源禀赋等因素以外，集聚是最重要甚至是最根本的影响因素。新经济地理学研究的核心问题就是集聚及其相对应的扩散。追溯理论渊源，从韦伯的工业区位论开始，集聚因子被纳入工业企业的区位选择模型中，集聚指向成为经济活动空间选择的重要依据，集聚就成为空间经济分析的重要内容。

（一）马歇尔对产业集聚的经典分析

在经典著作《经济学原理》中，新古典经济学的鼻祖马歇尔从内部规模经济

---

① 西蒙·库兹涅茨.现代经济增长：发现与思考［M］.戴睿，易诚，译.北京：北京经济学院出版社，1989.

和外部规模经济解释了空间聚集与收益递增现象之间的关系，为经济活动的空间集聚提供了经典的分析框架，揭示了产业集聚的三个基本动因。

1. 中间投入品的规模经济

产业集聚增加了对中间投入品的需求，为中间投入品生产获取规模经济提供了市场条件；产业集聚也便于需求者和供给者在中间产品的设计和制造方面进行面对面的交流并降低运输成本，从而获取中间投入品规模经济效应。

2. 劳动力市场共享

产业集聚能够促进劳动力流动，提高劳动力市场效率。在产业集聚的环境中，劳动力市场的供求信息便于获取，行业中的雇员有相对低的搜寻成本，职位空缺的信息通过非正式渠道得以传播（比如通过餐馆、保龄球场等场合的随意交谈）；雇主和雇员之间以及雇主之间距离较近，流动成本相对较低。

3. 知识溢出

产业集聚促进了信息的快速交流以及技术的扩散。企业的空间集聚有利于面对面的交流，促进信息的传播和新思想的产生。因为在集聚的环境中，"行业的秘密不再成为秘密，而似乎是公开的了。……机械上以及制造方面和企业一般组织上的发明和改良之成绩，得到迅速研究：如果一个人的一种新思想，为他人所采纳，并与别人的意见结合起来，则成为更新思想之源泉"。[①]

（二）新经济地理学对产业集聚机制的解释

近年来，克鲁格曼等人在马歇尔的基础上，在新经济地理学体系中，从三个方面解释集聚机制：共享、匹配和学习。

1. 共享

产业集聚能够使各经济主体共享基础设施和市场条件等。主要体现在：①大的不可分性（Large Indivisibility）商品和设施的共享，比如地铁站、港口等；②更为多样性的中间投入品，即产业集聚为企业带来多样的中间产品供货商；③个人专业化收益，即劳动力的集聚会促进分工，提升个人的专业化程度；④劳动力市场共享，即劳动力供求双方都可以利用产业集聚带来的劳动力市场信息和机会。

---

① 马歇尔. 经济学原理 [M]. 朱志泰, 陈良璧, 译. 北京：商务印书馆, 1964.

2. 匹配

匹配效率与匹配主体数量正相关。比如一个收益递增的匹配函数，意味着找工作者和工作空缺数量的增加将导致工作匹配数量的增加。

3. 学习

学习有多种方式和途径，且学习与其他人的联系相关，与其他人的联系具有"面对面"的性质。集聚可以获取学习的环境，促进知识的产生和扩散、新思想的产生和交流、信息的扩散等。

二、文化产业集聚的主要动因：外部经济效应显著

文化产业的投入要素特征及其对外部环境的要求导致文化产业具有较强的外部经济效应。20世纪70年代以后，文化产业链各种功能的分解导致柔性生产方式逐渐占据主导地位，使得文化产业的外部经济效应进一步增强，并通过企业区位的空间集聚得以实现，其内在经济机理主要包括以下几方面。

（一）文化企业的区位选择倾向于交易密集型区域，从而导致文化产业的空间集聚

文化产业生产过程的特点之一是投入要素包含大量有技能的劳动力，且由于是小批量生产，从而对劳动力的市场需求量会经常调整。这就导致劳动力市场共享成为文化产业发展所需要的外部环境，通过文化产业的空间集聚会降低文化产业劳动力市场供求各方的风险及流转成本。同时，文化产品要具备时尚、符合时代价值观等特征，生产文化产品的企业需要突出产品个性，而消费者需求是不稳定的。再者，文化产业生产过程各环节的职能分解，比如出版业的约稿、编辑、生产、版权合同、销售设计、财务等，电影业的导演、编剧、制片、演员等职能的分解，这种职能分解进一步提升了文化产业的生产和组织柔性，各种专业技术人员就业根据产品产量等市场条件灵活配置。这就要求生产技术和生产组织趋向于弹性专业化，即企业生产多样化、小批量的产品，以适应多变和多样化的市场需求。

比如，巴黎的电影产业具有明显的空间集聚特征，因为电影制作和发行需要各种艺术和技术人才及管理营销人才以及资本（包括设备和场地）等要素的组合，

各种要素的组合根据不同的电影制作方案而决定，即具有较大的灵活性，这就要求企业及从业人员之间能够进行便捷的联系，因而导致区位集聚模式。电影公司汇集于巴黎西部中心的第八区及其周边，且与经纪人公司、广告公司、唱片公司、电视台和广播电台等媒体和通信公司在空间上呈集聚状态。

美国的音乐唱片产业主要集聚于纽约、洛杉矶等一些大城市，因为纽约、洛杉矶拥有高度发达的电影和广播产业，从而为流行音乐等提供了适宜的外部环境。包括音乐唱片产业在内的许多文化产业都存在的一个共同特点是产业链各功能易于分解，形成复杂多样化的技术和社会分工，产业链作为一个生产综合体出现交易密集型特征，且面临不稳定的市场需求，因而区位集聚就成为降低成本、提高效率的产业布局模式。同时，通过空间集聚，又能够获取收益递增效应和区域竞争优势。斯科特[1]（2010）就曾根据1995—1997年美国Hot100单曲排行榜数据测算表现指数[2]，纽约和洛杉矶的指数值都大于1（此三年纽约和洛杉矶的值分别为1.53、1.37，1.55、1.37，2.79、1.29），且远远高于美国其他地区。

（二）文化产业的市场结构和复杂功能分工要求产业集聚的外部条件

从文化产业的市场结构来看，大部分都具有寡头市场特征，即少数几个大规模企业与大量小企业并存，其中大企业的范围经济特征显著，其股权往往延伸到各种媒体、消费产品和电子部门。比如，时代华纳等五大企业集团主导着美国甚至是较大国际范围的音乐唱片产业。其中时代华纳公司拥有电影制作、发行、播放和消费品的大量股权，也拥有各种音乐产业门类。与其他产业相比，由于市场的不稳定，在电影、音乐等文化产业生产过程中，大企业与小企业之间的各种技术、人才等要素需要进行灵活的组合，完成生产和销售各环节，即行业中的不同企业的不同要素通过贸易和协议方式联系在一起，形成密切且易变的生产网络或产业共同体，这不仅是该产业的市场需求特点所致，而且也能够发挥各类企业的比较优势，从而提高

---

[1] 艾伦丁·J.斯科特.城市文化经济学[M].张宇，译.北京：中国人民大学出版社，2010.

[2] 该指数是指唱片公司在区位制作的Hot100上榜曲目的比例。指数值越大，说明该区域生产唱片的环境越适宜，也可反映该区域唱片生产的创新能力。

各类企业的效率。这种产业的复杂功能分工和高组织弹性必然促进企业的区位集聚。

（三）文化产业的创新特质需要产业空间集聚的外部环境

文化产业发展需要相关从业人员及企业间的相互学习、文化整合和创造力，通过空间集聚能够形成这种外部环境。"特别是，创造不仅仅是个体文化工作者的孤独沉思，更重要的是多种刺激的产物，这些刺激位于地方经济中各类参与者之间交互作用的节点"，"在其他条件相同的情况下，创新可能是相关参照群体规模的几何函数"。[1] 在产业集聚的经济空间，不仅产生有形物质产品的交换流动，而且会易于商业信息、技术知识等无形产品交换，并促进相关创新环境的形成。"以集中交易式的交换为特征的经济空间常常是学习效应和非正式且积极的创新活动的重要中心。这些空间也倾向于作为专门文化与习俗的物质基础发挥作用。"[1]

（四）产业空间集聚能够为文化企业提供社会文化资本

通过产业集聚，区域的产业氛围增强，必将形成以独特习俗和惯例呈现的文化属性，增强区域社会凝聚的基础，形成有特色的商业文化，提升产业发展所需的社会文化资本，包括信任、默契、学习效应、专业概念和信息、知识传播的特殊形式和效率。从而提升消费者的区域文化产品认同感。

根据斯科特的研究，成功的文化产业集聚区的共同特性之一就是产品从其生产地获取强大的集体声誉效应，因为消费者通常都很重视购买的产品与其生产地之间的特定联系。[1] 比如，人们心目中对好莱坞制作的电影的认同。信息流动和学习效应等的共同作用，促进了技术创新和商业模式创新。同时，一个城市特有的文化氛围或形象经济形成了某些文化产业发展的外部效应和竞争优势。比如，巴黎拥有追求优良技术和艺术品质的悠久历史，从而形成了巴黎的奢侈品文化，生产精致、奢华的产品成为巴黎文化经济的重要特征。

（五）空间集聚能够促进文化产业发展所需要的制度环境的形成

制度通过提供必要的一般性服务如信息、行业规范和政策等，促进相互依存和

---

[1] 艾伦·J. 斯科特. 城市文化经济学 [M]. 董树宝，张宁，译. 北京：中国人民大学出版社，2010.

联系的生产者之间的信任与合作。通过行业协会等组织提供产品质量标准、协调相关企业之间的关系、发布信息、保护产权等。比如，美国的音乐唱片产业的主要支持机构有美国唱片产业协会（RIAA）、美国唱片艺术与科学协会（NARAS）和美国作曲家、作家和出版家协会（ASCAP）等，产业的集聚发展促进这些组织的产生，这些组织又进一步保护和营造适宜文化产业发展的环境。

第四节　城市文化产业的空间集聚模式：文化产业功能区

城市功能分区是伴随城市扩展而实现空间结构优化的途径，文化产业发展宜于空间集聚，其模式则是文化产业功能区。

一、文化产业功能区是城市文化产业发展的空间集聚模式

城市产业空间结构调整和优化的经济驱动力主要有两点：一是不同产业的获利能力不同而布局于不同的区位；二是相同产业及其关联产业的企业基于合作而不是竞争的模式，通过产品和服务的联系及信息的流动形成产业经济网络或产业区，在城市内部即城市功能区。在高能级城市，文化产业规模较大且通过空间集聚从而形成文化产业功能区的空间模式。

文化产业空间集聚模式从理论上可细分为不同类型，有学者（王晖，2010）[①]总结出以下几种：文化趋同型集聚、区位因素型集聚、垂直关联型集聚和水平关联型集聚。文化产业集聚区的形成往往是以文化背景、资源优势、功能互补或市场共享某一项为主而同时兼顾其他方面。不论导致文化产业空间集聚的主要因素如何，文化产业发展的空间模式都应以城市文化产业功能区的模式存在和发展。

文化产业按照投入要素的特征可分为两大类：一类是生产过程中工艺起重要作用的传统劳动密集型传统产业，包括服装、家具和珠宝产业等，其劳动力主要

---

① 王晖．北京市与纽约市文化创意产业集聚区比较研究［J］．北京社会科学，2010（6）．

"文化创意+"产城融合发展

由手工工人组成；另一类是产品更具有审美和符号特征的产业，包括电影、电视、音乐、广告等产业，其劳动力主要由专业技术人员、创意人员和管理人员组成。前一类产业因为需要投入大量劳动力和土地，其区位选择会倾向于在具有特殊的自然资源和历史文化或某种资源优势的区域集聚；而后一类产业更加倾向于在具有知识、交易、信息密集等适宜于创新的高能级城市进行区位集聚，从而形成城市文化产业功能区。

二、城市文化产业功能区发展的国际经验分析

从发达国家的实践经验来看，城市文化产业集聚主要有三种情形：①传统手工艺品制作在后福特时代的复兴。[①] ②以特色文化产业或历史文化遗产带动形成的旅游城市，比如拉斯维加斯、里约热内卢等城市。③最为显著的是高能级城市在后福特体制下正在迅速成为文化生产的重要中心，且城市文化产业发展的重要空间载体是文化产业功能区，比如洛杉矶的音乐唱片产业集聚于好莱坞及其附近的一个区域，纽约的唱片公司主要集聚在曼哈顿中部和南部。在世界各国已经形成的城市文化产业功能区中，最为典型的是伦敦和纽约的表演艺术和媒体产业集聚区。

（一）"创意之都"伦敦的文化产业功能区——伦敦西区和SOHO区

伦敦作为全球城市体系中较高能级的城市之一，具有发展文化产业的基础条件和氛围。1997年以来，在"创意伦敦"策略的主导下，文化创意产业迅猛发展，成为伦敦经济的支柱产业，伦敦也发展成为英国的创意之都和全球创意中心。伦敦的两个著名的文化创意产业集聚区是表演艺术产业集聚区——伦敦西区和以媒体产业为主的文化创意产业集聚区——SOHO区。

戏剧表演是文化产业的重要内容，英国戏剧在全球戏剧中具有重要地位，而在英国戏剧领域，伦敦西区则是最有影响的戏剧和娱乐中心。伦敦西区是一个典型的文化产业集聚区，集聚了众多的剧院等演出相关机构，"西区剧院"（West

---

[①] 19世纪在欧洲城市的生产组织方式就是以灵活专业化模式为主，比如里昂的丝绸业、谢菲尔德的刃具制造业、圣德田的铁制器具和兵器制造业等都曾经主导了当时的城市经济。这种生产组织方式在后福特时代的一些城市出现复兴，最典型的是"第三意大利"（The Third Italy）。

90

End Theatre)(指由伦敦剧院协会管理、拥有或使用的49家剧院)占伦敦剧院总数的近一半(伦敦总共有剧院约100家),主要集中在沙福兹伯里大街和海马克特两个街区、不足1平方英里的范围内。1997年,西区的票房收入为2.46亿英镑,且各种相关消费如餐饮、住宿、交通和购买纪念品等收入达4.33亿英镑。2002—2003年度,西区演出业创造的GDP(20亿英镑)占英国演出业GDP(38亿英镑)的一半以上。

伦敦的SOHO传媒产业集聚区是世界上发展最成熟的文化产业集聚区之一。在伦敦的SOHO区,由于特殊的历史背景[1],形成了浓厚的波希米亚气息,吸引了大量音乐家、作家、思想家等到此游览参观。到19世纪末,SOHO区就已经成了伦敦夜生活的中心地区。20世纪30年代起,包括华纳兄弟、21世纪福克斯和哥伦比亚公司等在内的一大批国际影业公司纷纷到SOHO区设立机构经营电影。如今,数百家影视制作公司、广告制作、音乐、摄影、设计公司等在该区的集聚,形成了以媒体企业为主、产业链相对完整并具有规模经济效应的文化产业集聚区。

(二)纽约的百老汇表演艺术集聚区

经过一个多世纪的发展,百老汇已经成为世界一流的戏剧演出中心,也是表演艺术产业集聚发展的成功典范。从产业链功能分解来看,百老汇集聚了演出场所经营商、演出内容制作商和演出经纪商等机构和各种演艺人才。从演出层次和模式来看,百老汇集聚了各种层次的剧院及相应的演出内容,包括核心的39家最高水准的百老汇剧院(Broadway)、约530家外围的规模较小且主要以较低成本进行戏剧实验的外百老汇剧院(Off-Broadway)和环外百老汇剧院(Off-Off-Broadway),分别提供不同层次的演出,满足不同人群的多样化需求。

这些成功的文化产业功能区进一步证明了文化产业的空间集聚导致的收益递增效应和创新效应。

综上所述,从发展趋势来看,与其他产业相同,文化产品市场全球化不断

---

[1] 该区17世纪之前是皇家猎场,18—19世纪演变为伦敦市区的一个组成部分,大量的流亡者和难民在此聚居,因而形成了复杂、多元的文化环境。

深化和广化，根据本章论证的文化产业区位选择的机理，文化产品生产区位具有空间集聚的态势，因此，全球文化产品的生产也可能形成多极化空间格局。对于有着悠久历史文化传统且国际地位不断提升的中国而言，应利用和发挥这种文化优势，通过相关政策激励和支持，促进文化产业发展特别是在高能级城市的集聚发展，把北京等城市发展为世界文化中心城市，从而提升中国的文化辐射力和影响力。

第六章 基于复杂适应系统视角的文化创意与城市融合发展

周瑜
中国社会科学院研究生院政府政策与公共管理系博士研究生

第一节　问题的提出：文化的隐匿是城市的迷途

谈起文化与城市，我们无法绕开刘易斯·芒福德的观点。他认为，"城市不只是建筑物的群集，更是各种密切相关并经常相互影响的各种功能的复合体——它不单是权力的集中，更是文化的归极"，并将文化与城市归纳为人类进步历史上的两大创造，人类社会正是凭借城市和文化这两个工具，不断进步和充实。[①] 从古到今，文化与城市始终相伴相生、相辅相成，文化赋予城市以软实力，而城市滋养了文化的生长。城市文化不应只作为虚无的城市"灵魂"，而应体现为实体性的存在，才能在城市建设与发展实践中将文化的精髓展现出来。[②] 由此，基于文化的创意产业与城市融合发展是一个极其重要的议题。

关于城市起源的诸多学说中，文化需求说是其中之一。刘易斯·芒福德作为文化需求说的代表人物认为，在城市形成的诸多原因中，文化不可或缺。因为强大的权威和一味地强制并不足以使商品汇聚和流动（因市而城），更不可能赢得社会成员的认同感、归属感和信任感，而文化正是这样一种黏合剂和催化剂。他还提出："城市是文化的载体，发挥着贮存、传播、交流、创造和发展文化的作用，而文化是城市的灵魂，是城市质的内在规定。"[③]

尽管自芒福德的著作出版以来这一观点就广为流传，但早期主要是在城市

[①] 王丽娟.芒福德的城市文化思想研究综述［J］.都市文化研究，2010（1）：144-168.

[②] 何序君，陈沧杰.城市规划视角下的城市文化建设研究述评及展望［J］.规划师，2012，28（10）：96-100.

[③] 刘易斯·芒福德.城市发展史：起源、演变和前景［M］.宋俊岭，倪文彦，译.北京：建筑工业出版社，2005.

这一载体上研究文化，城市仅是文化的一种"容器"。人类社会在很长一段时间将发展归结为以 GDP 增长为代表的物质力量的发展，而文化是一种高贵的附庸，对主体经济并无直接作用。从历史进程上看，城市发展经历了资源型、区位型、投资型等为主要驱动力的发展阶段。在这些发展时期，文化仅仅处于一种从属性地位，与文化相关的文化生产活动在整个城市经济发展中的地位微不足道。[①]

直到 20 世纪末，信息技术的发展使文化有了更生动的载体，并被自然而然地带入到科技进步、经济产业、社会生活的方方面面，形成了文化作为高端产业形态和先进生产力的发展现实和趋势。[②] "文化创意""创意产业"等概念的提出使人们意识到文化也可以是城市重要的生产资料和竞争优势。于是，学者们开始在文化的载体上研究城市，将文化视为城市发展的重要驱动力。另一方面，部分城市率先进入后工业社会时期，高度发达的信息和交通网络，使人们在工作方式、生活方式和居住环境的选择上有了更大的自由度。人们在享受高水平的多样化和个性化服务的同时，也面临着更大的社会差异和分化，文化作为一种社会整合方案也受到关注。

然而一直以来，文化与城市之间存在宏观叙述与微观实践的脱节。文化在城市中的浸润是含蓄和渐进的，文化创意是两者之间沟通的桥梁。有想象力、有创造力、与时俱进的文化才有发展的前途，创意体现在文化在不同时空范围内新的表现形式，创意赋予文化持久的生命力，文化通过不断增加新的内涵求得生存和发展并免于消逝。文化创意本身也需要载体加以表达，具有与其他各个领域的融合特性，能够直接显现并放大文化与城市两者之间的融合关系。

21 世纪以来，文化创意产业和创意经济在世界主要大都市兴起并快速发展，成为重组大都市空间结构的新动力之源，以至于西方学界直接提出"创意城市"的假说。尽管文化创意对城市的重要性已被普遍认可，而文化创意与城市发展

[①] 王林生 . "文化城市"理念出场的历史语境及理论内涵 [J] . 人文天下，2014（4）：17-23.

[②] 金元浦 . 创意城市的 3.0 版本：中外城市创意经济发展路径选择：金元浦对话查尔斯·兰德利（二）[J] . 北京联合大学学报（人文社会科学版），2017，15（1）：77-81.

的"融合"往往浮于表面,忽略演化过程和作用机制。从理论的系统性和实践的科学性视角来看,"创意、创意产业(创意经济)、创意空间、创意城市"之间的构成要素、形成机制和关联机理仍然较为模糊,研究成果仍然较为碎片化和脱节化,亟须一个系统性的整体分析框架来加以集成。这是本章的意旨所在,也以此串联起本书各篇文章之间的逻辑主线,形成对文化创意与城市融合发展的整体性理解。

第二节 现有文化创意与城市融合发展的主要视角

在已有成果中,文化创意驱动城市发展一般有四种模式:文化创意空间设施建设、文化创意产业集聚发展、历史文化资源开发利用以及文化创意生态营造[①]。其中,规划学视角的城市创意空间/集聚区、经济学视角的文化创意产业发展和社会学视角的城市创意阶层概念最具代表性。

规划学视角强调以文化创意园区为载体的文化消费空间。文化创意园区是在一个空间有限的地理区域内,由一些文化企业和创意个体组成,呈现出文化生产和消费的集中。在中国,文化创意产业空间正在演绎着"厂房/仓库改造型1.0园区"(产业自然聚集)—"文化融合/营造创意街区2.0"(主题产业园)—"科技融合/创新型城区3.0"(科创知识社区)—"社会融合/创意城市"特征的社会与产业混合空间成长过程[②]。

伦敦大学的斯科特·拉什认为不论从"物的媒介化"到"媒介的物化",还是从"媒介的物化"到"物的媒介化",皆构成了全球文化产业的核心机制,而城市空间为"物的媒介化"与"媒介的物化"提供了广阔的展示平台、转化平台[③]。而根据列斐伏尔的理论,进入消费社会之后,当代城市发展的重要文化语境是空间中的生产与消费正转变为空间本身的生产与消费(购买、光顾、游玩、观赏以及

---

① 刘平.文化创意驱动城市转型发展的模式及作用机制[J].社会科学,2012(7):40-48.

② 梁学成.产城融合视域下文化产业园区与城市建设互动发展影响因素研究[J].中国软科学,2017(1):93-102.

③ 李蕾蕾.媒介—空间辩证法:创意城市理论新解[J].人文地理,2012(4):44-48.

体验等方面)①。这两种逻辑都不约而同地将文化与城市的关系集中体现在空间塑造上,比如文化创意园区。

经济学视角强调文化创意产业对城市发展的推动作用。文化创意产业在城市经济中扮演的角色逐步经历了从"小比重"(工业城市经济必要的补充)—"主体性"(创新型城市经济的支柱之一)—"无边界融合"(创意城市/社会的主体经济结构)的演进过程。② 近年来由于数字技术的进一步发展,加剧了"产业创意化"与"创意产业化"。文化创意产业从早期依赖文化资源开发的产业形态转变为凭借元创意可以融合任何产业类型并形成全新产业业态的经济类型。在经历企业、群落、产业、集群和生态等五个不同的演化阶段后,文化创意产业能够成为一个产业生态系统。③

在文化创意产业向产业生态的质变过程中,传统意义上对既有文化资源的挖掘是文化创意产业发展的"物理变化",塑造适合文化多样性成长的"文化生态"则是文化创意产业发生"化学变化"的温床和催化剂。两者的根本区别在于,前者是形态、形式的变化,而后者是创造性、生长性的变化。④ 这种变化也被归纳为产城融合的终极目标:文化创意产业提升城市发展定位,城市功能为文化创意产业发展提供重要的要素、市场、人力资本和基础设施保障,实现寓产于城、以城促产的融合渗透发展,形成具有丰富内涵和多元价值并可创造更大生产力、不断激发经济活力的经济社会复合体。⑤

社会学视角强调文化因素对创意阶层的影响机理。单纯依赖土地、劳动力、资金等要素的传统城市发展模式难以为继时,社会学家提出文化因素能对创意阶层产生吸引作用,并影响该群体的城市流动和新兴公司选址等,重塑着城市发展

---

① 季松. 消费时代城市空间的生产与消费[J]. 城市规划, 2010, 34(7): 17–22.

② 周蜀秦,李程骅. 文化创意产业促进城市转型的机制与战略路径[J]. 江海学刊, 2013(6): 84–90.

③ 曹如中,史健勇,郭华,等. 区域创意产业创新生态系统演进研究:动因、模型与功能划分[J]. 经济地理, 2015, 35(2): 107–113.

④ 周蜀秦,李程骅. 文化创意产业促进城市转型的机制与战略路径[J]. 江海学刊, 2013(6): 84–90.

⑤ 杨雪锋,未来. 产城融合:实现路径及政策选择[J]. 中国名城, 2015(9): 9–13.

与转型的后工业路径。[①] 对于这种文化因素的影响机制,"创意阶层"是一个关键词。爱德华·格莱泽在《城市的胜利》一书中指出,后工业城市的优势体现在吸引高素质人群的能力上,而这种吸引人才的元素不是传统理论强调的经济性因素,而是城市所能提供的文化与生活方式。[②] 理查德·佛罗里达在《创意阶层的崛起》一书中进一步认为创意阶层所具有的区位选择理念来源于他们的价值观——个性化、精英化、多样性、包容性,这一阶层并不是由于传统原因才进入他们所定居的城市的,他们所追寻的是拥有丰富多彩、高品质的、令人愉悦的事物和体验,以及兼容并包的宽容态度和创意氛围。[③]

通过上述跨学科比较并抽取其中的共性,有助于更加全面地分析问题,因为一些微妙的、在一个学科视角下很难抽取出来的特性,在另一个系学科中可能很突出而且易于考察。其中,城市创意空间的视角主要是点状融合,对城市文化创意产业的视角是线状融合,而对于以人为中心的城市创意阶段的关注是对面状融合的探索。笔者认为,"点—线—面"的融合仍然是局部的融合,系统融合才是真正的融合。

[①] 吴军,特里·N.克拉克,等.文化动力:一种城市发展新思维[M].北京:人民出版社,2016.

[②] 爱德华·格莱泽.城市的胜利:城市如何让我们变得更加富有、智慧、绿色、健康和幸福[M].刘润泉,译.上海:上海社会科学院出版社,2012.

[③] 理查德·佛罗里达.创意阶层的崛起[M].司徒爱勤,译.北京:中信出版社,2010.

第三节　CAS视角下文化创意与城市发展的系统融合

美国人类学家菲利普·巴格比也曾说过，文明是那种"在城市里发现的文化"，或者是这么一种文化："在其中，城市被发现了"。因此，研究两者之间的系统融合，首先应该从认识它们之间的系统嵌入关系开始。

一般系统论的提出者贝塔朗菲在半个世纪前提出："现代系统研究可以提供一种更能适当地处理社会文化系统的复杂性质和动态性质的基本框架。"系统论认为系统与环境互塑共生，系统的组分、结构、属性、功能、行为模式在相当程度上是其环境塑造的。文化是一种社会存在，由社会建制、实践活动和观念形态三个分系统构成，而文化以外的其他社会存在是它最切近的环境，一直在强烈地塑造着文化系统。[1] 城市也是一个人造的复杂系统，是各种各样的人类活动在城市这个物质空间里的集合，它既不是静态建筑的集合，又不是单单讲"人"的集合，更不是缥缈文化与精神的集合，而是强调人与人、人与环境之间的互动。[2] 城市与文化的关系之所以自古至今为人们所关注，恰恰是因为它们之间有着说不清、道不明的互动关系——城市是文化的容器，文化塑造城市的环境。

系统科学是以系统为研究对象的学科领域，其中复杂适应系统（Complex Adaptive System，CAS）理论是第三代系统论的核心理论，它突破了把系统主体或元素当作被动对象的已有观念，十分强调主体的适应性，并从主体与环境的互动中去认识和描述复杂系统的行为，开辟了系统研究的新视野。本文将借助复杂适应系统理论将两个系统的融合发展纳入一个更综合、更交融和更系统的分析框架

---

[1] 苗东升.文化系统论要略：兼谈文化复杂性（一）[J].系统科学学报，2012（4）：1-6.

[2] 刘春成.城市的崛起[M].北京：中央文献出版社，2012.

中来，填补目前该领域不同研究议题之间相对隔绝的状况以及所形成的知识缝隙，让多种学科知识能更好地融会贯通，以最大限度地反映和贴近现实。

CAS 理论的开创者之一，遗传算法之父约翰·霍兰德定义了分析 CAS 的基本概念——"主体"和围绕"主体"的 4 个特性（聚集、非线性、流、多样性）与 3 种机制（标识、内部模型、积木块），帮助我们将对具有复杂适应系统的直觉转变成更为深刻的认识。[1] 本节遵循霍兰德提出的 CAS 分析的基本概念，在文化与城市融合发展的话题背景中加以应用，从根本上剖析文化创意能够与城市融合发展的关键纽带和作用机制。

一、文化系统与城市系统有着共同的主体——人

文化系统与城市系统有着共同的主体——人。文化系统和城市系统的复杂性与人的特性密切相关。CAS 无例外地皆由大量具有主动性的个体元素组成。系统中的基本单元称为"主体"，主体具有主动适应性（Adaptive），体现在其能够感知外界信息刺激，通过学习来调整自己的行为。从生物学角度说，适应是生物体调整自己以适合环境的过程。在 CAS 中，任何特定的适应性主体所处环境的主要部分，都由其他适应性主体组成，所以，任何主体的适应性体现在主体之间的互动上，主体适应性造就了系统的复杂性。

文化是发挥人的创造力的创意性活动。泰罗尔 1871 年就指出："文化是一个复杂总体"。文化的复杂性从何处来？陈序经的回答是："因为创造文化的人类，并非独一的个人，也非简单的个人，而是多数的人们，与复杂的人类"，"人是处处都有了相同性，但是同时又是处处都有了相异的地方的"[2]。

同样，人也是城市复杂性的决定性因素。城市源于人，为人、因人而改变，正是通过人的活动才使城市空间与时间之间建立了联系。城市本质上是人的聚集，这种聚集过程使城市由小到大、由低级到高级、由简单到复杂，表现出与农村截然不同的空间形态和发展模式。人在聚集中产生了社会性，文化正是人的社会属

---

[1] 刘春成. 城市隐秩序：复杂适应系统理论的城市应用 [M]. 北京：社科文献出版社，2017.

[2] 陈序经. 文化学概观 [M]. 长沙：岳麓书社，2010.

性的重要产物。人的社会属性使城市产生了文化，产生了城市精神、伦理道德、价值观念等意识形态领域的内容，形成类似于自然规律的社会规律，反过来推动或制约城市的发展。城市文化是由城市中每一个居住者自身的精神理念在城市社会中的叠加形成的，成为一种隐性的决定力量。

佛罗里达的创意阶层理论正是抓住了这一共同的系统主体。文化创意产业是以人的创意作为核心要素的产业，创意主体在整个创意产业中居于主导和核心的地位。因此，对城市中创意人群的研究或者说城市人创意能力的研究是融合机制的逻辑起点。近年来在互联网影响下，创意阶层的来源、性质、集聚形态和产业协作方式都发生了巨大的变化。在早期文化创意产业中，创意阶层是高度浓缩和单一的。而现在围绕核心创意者，衍生出一系列服务于创意过程的主体，创意阶层成为一个网络状的存在。在文化创意产业系统中起码有 6 大主体，即内容创意主体、生产制造主体、推广主体、渠道主体、消费主体和衍生主体。主体之间的关系是球形的，任意一个主体与其他所有主体之间都存在交互；既可以直接交互，也可以通过其他主体进行交互。①

二、文化系统与城市系统的"聚集"层次是重叠的

聚集是所有 CAS 的一个基本特征，它是指简单主体之间的相互作用，必然会涌现出复杂的大尺度行为。因此，聚集不是简单的合并，也不是原有主体的消失，而是新的、更高层次主体的出现，并包含了原有层次中所有的主体互动。聚集的层次越来越高，原有主体在大系统中能得到更好的发展，而新的主体也具有了原有主体无法具备的优势。

在城市出现以前和城市发展早期，文化与城市是相对疏离的。直到工业革命以后，现代城市迅速发展，文化的孕育与发展才与城市有了非常紧密的同步关系。城市发展经历了漫长的幼稚期，在此期间，农村地区更像是广阔的海洋，而城市则是在这海洋中零星分布的孤岛。进入 20 世纪之后，大部分发达国家的城市人口已远远超出乡村人口，乡村人口涌入城市寻找新的生存和生活方式。21 世纪的今

---

① 肖云. 创意产业主体的系统构成及其交互研究 [J]. 中华文化论坛, 2014, 98 (6): 145-153.

天，世界上已经有一半以上的人口居住在城市，2050年该比例将上升到66%。[①]全球进入一个"城市世纪"，城市成为人类文化社会活动的集中地，文化系统与城市系统的"聚集"层次几乎是重叠的。

文化系统的"聚集"体现在两个方面。一是文化的社群性。人是社会动物，人类社会按照从微观到宏观各种大小不同的尺度组织起来，既有家庭、村庄、社区等微观分系统，也有民族、阶级、国家等宏观分系统，以及大量中间尺度的分系统。社会系统的每一种分系统、一切社会单元都有自己的文化个性，形成大大小小、各式各样的社群文化，由此造成文化系统极大的内部差异，导致文化分类无穷无尽。二是以创意园区、创意基地、创意社区、创意街区等为载体的物质空间的聚集。创意的空间集聚之所以重要是因为其有助于创意者加强联系，更高效地获取合作中溢出的隐含知识，进而提升创意效率。

城市系统由人、企业、机构、设施、服务和管理等在空间上聚集而成，这些主体的聚集形成社区，社区的聚集形成乡镇乃至城市，城市的聚集形成了城市群。正是这些大大小小的主体聚集决定着城市的发展规模和复杂程度，也为文化创造提供了多种多样的土壤。比如，城市的空间集聚降低了交流和创新成本，各个彼此独立的主体可以实现知识共享，产生知识外溢效应，形成有特色的城市亚文化。以城市CBD为例，CBD的诞生源于商业在世界范围的开展和大规模交易的出现，需要更多的服务与之配套，商务因此而大规模兴起，这决定了CBD必将是一个本土文化与外来文化的结合地。CBD是一个信息高度集中、交流高度频繁的区域，来自世界各地的最新观念、最潮风格，第一时间被CBD的人群所接受、传递、吸收，不断接受新的事物，做出新的尝试。CBD作为城市中的尝鲜者，形成了追求先进时尚、炫目形象的文化特点。

三、文化系统与城市系统的融合呈现出非线性特征

CAS主体之间相互影响不是简单的、被动的、单向的因果关系，而是主动的相互适应关系，使系统呈现出非线性。城市是一个充满非线性的时空。影响城市发展的因素千千万万，而这些因素之间并非完全独立，而是交互联动的，无法用

[①] 数据来源于联合国2014年发布的《世界城镇化展望报告》。

一个特定的模型和公式来演绎。

文化创意与城市发展的相互作用呈现出非线性。因为文化有一种力量，使得孤立的个人相互连接而转型成休戚与共的社群，把多元文化的经验变成共同的经验，塑成公共的记忆，凝聚成社会的文化认同。随着知识型社会的到来，文化与经济发展的关系越来越紧密，社会生活中既没有纯粹的脱离经济的文化活动，也没有纯粹的脱离文化的经济活动。文化与经济之间的渗透、融合程度逐步加深，文化与经济活动的领域日益向对方扩展。

文化与城市融合发展，合则两利，能够实现加速前进；反之，文化的堕落也可能在短时间内让城市陷入衰败。如果我们去观察任何一个具有强劲活力的城市，不难发现那里的文化都有着对创新价值的坚持，对衰落低效的抵抗。这种文化习惯和文化信念可以让一个念头发展成为全新的商业模式，可以从一份饱满的热情中衍生出影响世界的成绩，比如纽约、洛杉矶、伦敦、巴黎、东京等世界城市都是"文化独特的，具有旺盛创造力的发动机"。而最近几年，我国对东北地区衰退的讨论非常热烈，许多分析拨开表面现象之后发现文化因素是东北衰退的一个重要原因。作为"共和国长子"的东北，也是当年计划经济实施最彻底的地方，使东北地区产生了严重的文化后果。"等靠要""官本位"思想等计划经济体制下形成的文化到目前仍然具有较强的惯性，消减了改革的动力，体制性、机制性矛盾日益积累，成为发展经济、解放生产力的最大障碍。

四、每一个城市系统都有特定文化系统作为标识

在主体聚集形成系统的过程中，标识是一个重要的引导性机制。"物以类聚、人以群分"，这里说的"类"与"群"就可以理解为一种"标识"。主体通过标识在系统中选择互动的对象，从而促进有选择的互动。标识的这种机制可以解释某些城市和区域要素流动及要素充足的关键。那么，如果能很好地识别各个主体的特点，便可以有效地促进相互选择。标识的意义在于提出了主体在环境中搜索和接收信息的具体实现方法，而设置良好的、基于标识的相互作用，为专业化合作提供了合理的基础。

文化是时间产生的艺术，是本地文化与不同的民族文化、审美内涵和商业活动所留下的心理痕迹。文化让空间充满时间的味道，让时间创造更多的空间，才

能有机会让不同背景下的文化有机会在更多的空间内交流、融合，从而不断演进，使不同流派、不同层次、不同时代的文化以及不同民族、职业、性格和精神需求的人群能够和谐共处和兼容共生。文化通常是一个区域的核心价值观、精神、性格、城市风俗民情和城市本质的高度浓缩和概括，是一个区域的全息反映，是城市最重要的标识。

特定的文化作为标识为城市参与城市群以及更大范围的全球协作提供了便利，因为文化标识会吸引与之相适应的企业、人才和要素集聚于此，进而又强化了这一文化优势。文化的独特性是城市影响力的重要源泉，它的个性与魅力带给城市无穷的吸引力，像磁场一样吸引人才、资金、技术等优势资源的聚集和流动。在倡导创新创业的今天，单纯的经济因素并不是人才在城市间流动聚集的唯一动力，甚至不是主要因素；相反，城市可提供的学习资源、公共服务、包容性、生活方式和文化氛围等社会文化因素作为一种新动力，在人口城市空间流动聚集中也发挥了重要作用。[1] 放眼中国，北京厚重、上海精明、广州务实、深圳创新、成都安逸，这些重要城市无一不带有鲜明的文化特点，成为企业和人才选择安居乐业之地的重要因素。

五、要素在文化系统与城市系统之间贯穿流动

CAS理论十分强调"流"的作用，认为"流"在主体间的传递渠道和传递速度直接影响系统的进化，也就是说主体间的互动通过"流"来实现和传递。"流"的顺畅能促进主体的互动，反之则会割断主体间的联系。在城市系统中，城市主体之间通过物质流、能量流、信息流和资金流等产生联系，城市发展的活力与这些"要素流"的强弱和质量直接相关。因为城市是一个开放的系统，需要与外界不断进行能量交换方能维持自身的正常运转。城市的这种能量交换过程，恰似生命体与其所在环境之间进行的营养物质摄取和废物排放的新陈代谢过程一样，通过对人力、技术、资源、能源、文化等外界多种要素的消化、吸收、转化、分解，持续进行着城市空间形态、经济形态和社会形态等各个方面的重构和再造。

---

[1] 吴军.流动的逻辑：解读创新创业者大城市聚集动力[J].城市发展研究，2016，23（8）：1-7.

文化也是流动的。传统理解文化的方式是"见静不见动、见固不见变、见此不见彼",文化被视为囿于地域、限于民族或时代的精神价值与生活方式。现在研究者认识到,文化本身就是作为一种信息而存在的,文化形成的本质即为社会信息的沉淀和流动。文化影响的实质是信息的扩散,而流动则是文化生成的原动力。[①] 随着信息通信技术的发展,在一个变动不居的信息化时代,各种文化要素的同时流动与交换已经成为这一时代的表征。

文化的流动性体现在文化产品从研发、生产到消费者的接受过程中,使创意具有五种形态:激发态、凝聚态、整合态、传播态和接受态。创意由激发态到凝聚态是作品或剧本创作的过程;由凝聚态到整合态是文化产品的生产过程;由整合态到传播态是文化产品的营销推广过程;由传播态到接受态是文化产品的传授、消费过程;由接受态到传播态、整合态、凝聚态、激发态是创意反馈的过程,实现创意不同形态的自由转换和良性循环,才是完整的文化创意流。[②] 创意产业也是由不同资源所构成的一个链条:原本分散的资金资源、物力资源、人力资源、信息资源等合理链接,形成资源上下游关系。

六、文化系统与城市系统都有对"多样性"的终极追求

系统是多样性的统一,同一性是非系统的特征。"多样性"这个词最早用于生物学物种研究领域,并认为多样性是环境变化的产物。任何具有活动能力的主体,无论是微生物、细胞、动植物还是人类都在一定的环境中保持稳定的状态,环境的变化会使不能适应的主体淘汰消失,并会产生填补这一空缺的新的主体。新的主体与消失的主体具有不同特征,从而在适应中产生了多样性。由此,复杂适应系统理论认为分化的过程是由主体适应环境变化带来的,即在相互作用和不断适应环境的过程中,主体之间的差别会发展与扩大,导致主体向不同的方向发展变化,最终形成分化,产生系统的多样性。

---

① 朱媛媛,曾菊新,韩勇,等.城乡文化信息流时空整合的理论体系构建[J].地理科学,2016,36(3):342-351.

② 田新玲.文化产业语境中创意形态论[J].科技管理研究,2012,32(24):247-250.

文化是内在异质性十分显著的系统。文化的种类繁多，分类标准形形色色，故至今给不出普遍认可的文化分类。文化创意的多样化机制能够使城市具有多样性，产生更多异文化的、跨界的碰撞、交流与交融，使每一个具有潜在创造力的人的神经不断得到更多的刺激，使他们的思维充满活力，从而迸发出创意的火花，再转化成创意点子、创意设计、创新方案、创意产品，使城市真正成为"创意熔炉"，这样的城市对创意人士最具吸引力。

同样，城市也必须拥抱多样性。简·雅各布斯在《美国大城市的生与死》中提出"多样性是大城市的天性"，认为城市的活力在于错综复杂并且相互支持的城市功能，形成丰富多彩的城市空间。对于城市来说，主体是在其他主体为其所创造的环境中存在的。因此，其他主体的变化会引起该主体自身的变化，这种过程每时每刻都在发生，每一次适应过程的完成，又为下一次适应开辟了可能性，从而保持城市系统的持续更新。从时间上来说，城市在不同的时刻具有不同的状态；从空间上来说，不同的城市空间也具有不同的状态。

七、文化系统与城市系统相互塑造着显性和隐性规则

约翰·霍兰德提到，对一个系统中的给定主体，一旦指定了可能发生的刺激范围，以及估计到可能做出的反应集合，就大致可以推理出主体具有的规则，但这也仅是一个概率性推理而不是确定性计算。这种主体间具有的互动规则称为内部模型。由于内部模型的存在，主体可以对事物进行前瞻性的判断，并根据预判对互动行为做出适应性变化。此外，内部模型有隐性与显性之分，隐式内部模型的作用要靠显式内部模型来保障，而显式内部模型的作用要通过隐式模型来实现。

在城市系统中，隐式的内部模型是在对一些期望的未来状态的隐式预测下，为当前行为所提供的指导性工具，往往是一些约定俗成的常识理念、道德准则、人际关系规则等，隐式的内部模型较为灵活，随着时代而呈现出多样性，没有强制的约束力。而显式的内部模式往往是制度化、公开化、普遍性的法律规范和行为制度等，规则明确，较为固定，具有一定的时滞性。道德是最典型的隐式内部模型，法律则是典型的显式内部模型。如果从隐式和显式内部模型的角度来理解则不难发现，德与法必须相互依存，从来就不存

"文化创意+"产城融合发展

在没有道德支持的法治。

同样，文化也存在显文化与潜文化。一般来讲，文化内涵审美特性，追求正面的、高尚的美的享受，包括感观的视觉的美和内在的精神的美。这种作用既包含显性的、外在的美化作用，又包含隐性的、内在的美化作用。被文化主体自觉到的是显文化，以潜意识形式出现在文化主体大脑中、下意识地表现在主体行为中的是潜文化。显文化与潜文化的关系是辩证的，显文化是由潜文化发展转化而来的，显文化还可能再转化为潜文化，如自觉的文化意识渐渐转变为习惯，最终又成为潜文化。因此，我们可以把文化理解为一种将社会成员重重包围起来的信息场、意识场、文化场，活动于其中的人时时、处处、全方位地接受文化的熏陶、浸润、濡染，用语言很难表述清楚，无法归结为某种程序，甚至深受影响却全然未意识到。

八、寻找文化系统与城市系统的融合发展的积木块

系统论并不一概反对还原，但主张"还原到适可而止"，而积木块是用于适当拆封系统的分析工具。系统积木块在应用到分析时，其本质作用与"主体"是相同的。两者的区别是，主体是不可拆分的基本元素，而系统积木块是可拆封的子系统。系统积木块的概念为分析复杂系统的层次问题提供了便利。我们通过这一概念把下一层次子系统"封装"起来，暂时忽略或搁置其内部细节，作为一个整体参与较高层次系统的相互作用。当遇到一种新情况时，我们可以将相关的、经过检验的积木块组合起来，采取适当行动。

系统不是机器。它们更像是活的有机体。个体并不是孤立行动的，而是以复杂的方式相互影响。而变化是一种内在的系统功能，即使基层的微小变化也会影响系统的状况，以及随后的变化。因此，系统积木块的拆封不是随意的，与机械论下的割裂式分类有着本质的不同：拆封出来的子系统应该有着共同的主体以及主体聚集特征；要素流在子系统中相互贯穿，一个子系统中的要素流终点或许是另一个子系统的要素流起点，形成动态循环；内部模型则是对各个子系统内和子系统间关系的统筹协调机制，其作用是使各系统的功能各得其所，相互匹配。正确的拆封系统，既要考虑到各子系统保持相对独立，能提炼出特性；又要便于分析子系统之间的联动关系，找到整合的接口。

目前，促进文化创意与城市融合发展的工作重点往往放在具体的城市更新项目或旗舰发展项目投资上，却忽略了文化创意从业者、公共文化部门和城市文化设施之间微观互动和文化网络的重要性。经济战略和政策的重点一直放在一个城市应该拥有什么才能成为"创造性"城市，这些政策往往没有考虑到地方和环境的不同方面，要么关注文化消费，要么关注文化生产，很少考虑到这两个方面之间深层次的相互作用，使融合发展流于片面，效果也打了折扣。标准化发展公式已被用于发展"创意城市"。它们通常采取要求清单的形式，例如新的美术馆、媒体集群或公共艺术，但却没有注意文化发展的进程。虽然这些资产可以提供初步刺激，但靠什么才能维持进一步的文化发展呢？

第四节　融合发展是基于城市场景自下而上的系统涌现

融合发展是一种自下而上的系统涌现①。涌现的本质是由小生大、由简入繁。涌现现象产生的根源，来自适应性主体在某种或多种毫不相关的简单规则支配下的相互作用。涌现虽然是系统非线性发展的集中体现，但仍然是可以认识并会重复发生的，具有动态性和规律性。因为在涌现生成过程中，会存在大量不断生成的结构和模式，这些结构和模式具有恒新性，更为重要的是，它们可以重复发生作用。

从系统论的角度，我们更能深层次地把握文化与城市融合的关键，而实践这种认知取决于我们能否识别出使简单主体形成具有高度适应性的聚集体的机制，什么样的"边界"把这些适应性聚集体区分开来，以及主体相互作用在这些边界内如何被引导和协调。因为只有解决这些问题，我们才能找到有效的杠杆解。复杂系统都有一个杠杆解，这往往存在于系统中互动连接最集中的地方，因此具有"四两拨千斤"的效果，即以一个小小的改变，引起持续而重大的改善。笔者认为城市场景是观察主体互动的显微窗口、系统融合的微观单元以及自下而上涌现的起点。系统共同的主体、主体集聚、非线性特征、标识作用、多样性和内在规则都浓缩地体现在城市场景中，是文化系统与城市系统融合发展的底层积木块。

---

① 涌现是从底层自下而上出现的过程。具体地说，多个主体组成系统后，出现了系统组成前单个主体所不具有的性质，这个性质并不存在于任何单个要素当中，而是系统在低层次构成高层次时才表现出来的，这个过程被形象地称为"涌现"。

一、城市场景作为文化与城市系统融合的微观单元

文化的功能指文化对非文化存在的作用，它不是物质性的功能，而是信息性、意识性的功能。文化既然是信息，也时时、处处依赖于物质：能够创造文化和接受文化的事物都是作为物质性存在的人和人群，文化的传播、存取等运作都是通过对文化的物质载体的传播、存取等运作而实现的。

文化创意具有空间张力。高科技时代，似乎传统地理位置已经不那么重要，地理的含义已经超乎距离和区位，更重要的是一种情境或场景。基于不同的观察视角，学者们提出了创意场域（Creative Field）、创意鸣（Creative Buzz，特指未经规划的、偶然的面对面交流，并产生反馈，增强共鸣，加快信息流动和相互匹配）、创意情境（Creative Milieu）和创意生活圈及其内部创意阶层形成的关键多数（Critical Mass）等理论，以解释创意者联系的强度和效用。在纷杂繁多的概念中，芝加哥社会学派提出了"场景理论"。根据"场景"在电影中的应用来看，它包括对白、场地、道具、音乐、服装和演员等影片希望传递给观众的信息和感觉。在场景中，各个元素的关系是相互有机关联、共同服务于所表达的主题的。这对于自下而上地考察文化与城市融合发展的涌现过程十分有借鉴意义。

《即将到来的场景时代》一书也提到场景将成为一种核心要素，越来越为人们所重视，而技术提供的可能性使得人们开始重新发现场景。互联网时代强调以用户为中心，更进一步说是以用户个性化场景为中心，更加注重对用户场景的关注和了解，因为场景不但包括硬件要素，如地理时空、周围景物，还包括软件环境，如用户心理、社交氛围等。正是两者共同构建了用户场景，而这种用户场景是引发用户需求的重要因素。[①] 正如吴声在《场景革命》中所说的，个性化的场景生态是以人为逻辑，以体验为核心，以连接为中心，以社群为最大公约数的商业环境。[②]

[①] 王军峰.场景化思维：重建场景、用户与服务连接［J］.新闻与写作，2017（2）：97-99.

[②] 吴声.场景革命［M］.北京：机械工业出版社，2015.

场景理论的研究出发点在于：后工业社会里，个体空间行为动机凸显在个体对文化与价值观的诉求中。特定区域文化与价值观蕴藏在社区、建筑、人口、风俗和群体性活动中，并外化为城市便利设施的功能、种类、布局的总和（场景）。文化和价值观通过区域场景来反映和形塑着人们的空间行为动机与现代生活秩序。[1] 以克拉克为代表的研究者认为，城市场景的构成是城市便利设施（Urban Amenities）的组合；这些组合不仅蕴含了功能，也传递着文化和价值观；文化、价值观蕴含在城市生活娱乐设施的构成和分布中，并形成抽象的符号感和信息传递给不同的人群。在这个意义上来说，"场景"概念已经超越了城市便利设施集合的物化概念，它是一种涂尔干所描绘的社会事实，是作为文化与价值观的外化符号而影响个体行为的社会事实。[2] 因此，城市场景的魅力不在于博物馆、美术馆、酒吧等单体设施有多么完善，而在于这些设施以什么样的方式组合来形成特定的场景。公共文化空间同样是一个整体性的概念，只有文化设施、文化场所、从事文化活动的人构成一个完整的、动态的文化图景，才能使参与其中的人们获得更多的休闲娱乐和交流会友的体验。场景理论的逻辑示意见图6-1。

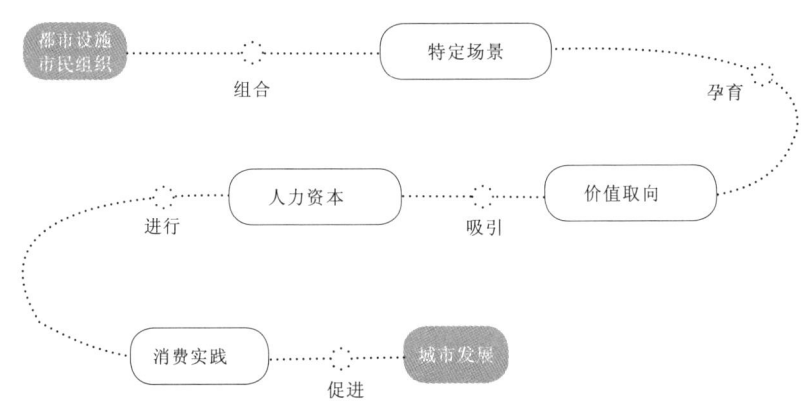

图 6-1 场景理论逻辑示意

---

[1] 吴军. 城市社会学研究前沿：场景理论述评 [J]. 社会学评论，2014，2（2）：90-95.

[2] 吴军，特里·N.克拉克，等. 文化动力：一种城市发展新思维 [M]. 北京：人民出版社，2016.

二、流动和连接是文化与城市融合发展的关键机制

霍兰德认为，在研究涌现现象的过程中，可识别的特征和模式是关键的部分。被称为涌现现象的一定是可以识别并且重复发生的现象。弄清楚控制系统的演化规律及它们之间的相互关系，将使我们更有希望理解复杂系统中的涌现现象。其中关键的一步就是要从偶发的、不相干的细节中找出基本规律。换句话说，整个系统的灵活性依赖于由相对较少的规则支配的大量主体的行为。

在多种多样的城市场景中，文化系统与城市系统融合发展的关键机制在于"流动"和"连接"，润滑和增加城市主体间的互动。一方面，在城市系统中，城市主体之间通过物质流、能量流、信息流和资金流等产生联系，城市发展的活力与这些"要素流"的质量和强弱直接相关，"流"的顺畅能促进主体的互动，从而实现城市发展；另一方面，文化是社会的，个人只有在与他人的互动中才需要文化，才能接受文化，才能影响并产生新的文化。

首先，技术让"流动"和"连接"更容易实现。自1994年中国全功能接入国际互联网以来，以互联网为核心的一系列新技术已经在政治、经济、社会和文化各领域得以扩散和应用。一方面，越来越多的人认识到，"互联网+"所带来的不再是简单的物理连接，而是通过连接产生反馈和互动，最终出现大量化学反应式的创新和融合。[1] 另一方面，互联网带来信息爆炸的同时也造成了信息隔离。技术的控制、资本的力量都在左右我们在互联网上可以接触到的信息。算法推荐使我们无形中更关注自己的喜好，只选择我们自己感兴趣的信息，排斥我们不感兴趣的信息。技术对"流动"和"连接"带来的副作用需要用制度来弥补。

其次，制度要适应"流动"和"连接"的需要。人的文化创造力不是一种可以简单地依靠物质投入获得的东西，而是必须在特定城市环境中通过生产、工作和社会生活关系的复杂交织而有机地发展起来的。当今世界，城市系统的复杂性本身就是生产力和创新的主要资源，知识密集型公司最近越来越多地迁往城市，希望回归中心地位。但新的数字技术以及从封闭公司向开放平台过渡的组织方式

---

[1] 汪明峰. 空间的流变与折叠：互联网时代的城市与区域转型[J]. 南京社会科学，2016（10）: 50-56.

改变了现代大都市的工作模式。办公大楼不再是唯一的工作场所类型,人们开始认为工作场所不是私人建筑空间,而是"主观城市体验"的组成部分。而创意产业所特有的临时化和个性化工作特点,与城市战略对土地增值的需求之间存在矛盾。因此,在政策制定者尝试解决方案以促进城市文化创意发展时,必须审查房地产过度增值的影响程度,以及将创意工作者逐渐排除在主流城市空间之外的影响。只有认识到"流动"和"连接"的价值高于土地收入回报时,才能限制市场和资本的不受约束的力量,使城市成为富于文化生长的土壤。

简而言之,一个欢迎并支持所有形式创意活动的社会环境就像一个生态体系或栖息之所,有助于各种创意形式之间相互交融并产生新的成果。同时,文化通过与产业、科技、服务等各种领域的融合及渗透,使文化创意的创造性激发各领域产生创新,从而创造更多的文化价值和经济价值,使城市的各个领域充满活力,获得持续发展的动力。

三、人的全面发展是文化与城市融合的终极目标

人民日报一篇名为《物质幸福时代已经结束,新时代来临》的文章广为转发,文中写道:"在一个万物俱备、什么都不缺的年代,占有物质很难再刺激我们的感官,让我们获得长久的满足。在新的时代,比起金钱和物质,更重要的是精神层面的充实感。"这也触动我们重新思考城市的新时代,以人为本的新型城镇化到底如何实践?随着新技术的涌现和应用,未来人又在城市中归于何处?经济是城市的"形",文化是CBD的"神",文化赋予了城市生命性,给予其不同的生命形态与性格。繁荣是好的,然而并不是问题的全部,人才是最终的目的。我们评判文化与城市的融合应该看到底在多大程度上促进了"城市文化的再生产",进而在多大程度上促进了"城市人的再生产"。城市空间是日常城市生活的重要物质载体,应以"人"的感知和使用为基本出发点,评判城市建设实际促成"人"的身心获益的效果。

人类终极的福祉系于两个方面:一方面是经济的繁荣,是人的实践力量充分释放为驱动经济社会发展的生产力;另一方面是人在其中的存在状态,是人的"生活水准"的持续提高和"劳动异化"的不断扬弃。文化创意恰恰可以在这两个方面释放活力与可能性:它可以通过创意和创新思维的普及,从源头上进一步解放

生产力；同时还可以通过劳动状态的改进，逐渐缓解人的压力和社会的张力，使人类的存在状态进一步得到提升。[①] 正如门格尔所宣称的，文化创意产业可以被看作是一个"灵活性"的试验场，临时化、个性化和不确定性正从这里蔓延到整个工作世界。未来的员工必须模仿工作中的艺术家：灵活、机动、有动力、有创造力、有竞争力，并期望收入可变、职业不确定。新的管理话语基于与艺术家相关的价值观：想象力、独特性、自我承诺、职业或激情，促进了这种变化。

　　文化系统与城市系统的全面融合将使城市发展走向以人的知识、智慧、想象力、创造力等为主体条件，以提升人的生活质量和推动个体全面发展为城市最终的社会发展目标。这既超越了人类城市原始的防卫、商业等实用功能，也不同于新中国成立以来的"政治型城市化"和"经济型城市化"，是一个衡量城市发展的新尺度，它揭示出城市发展的目的不是城市建筑高度和密度的增加，也不是经济总量与财富的聚集，而在于城市是否提供了一种"有价值、有意义、有梦想的生活方式"。

　　"城邦起于得生存，成于求幸福。"亚里士多德认为"幸福"是终极的好东西，是生活得美好；而生活得美好是按人的功能去生活。人工智能社会到来后，创意劳动也许是我们人类不会被替代的重要特质。

[①] 李成彬，罗守贵. 创意城市与人类福祉：一个经济哲学的视角［J］. 上海财经大学学报，2016，18（4）：17-26.

第七章

现代文化潮流及城市规划的应对

李昊

中国城市规划设计研究院智慧城市治理中心负责人、注册城市规划师

"文化创意+"产城融合发展

现代文化是传统城市研究所忽略的领域。作为当代城市重要的"软实力",现代文化正创造着这个时代的都市价值观。对现代文化的研究,对于城市规划、城市治理、城市文化经营与品牌营销等具有重要的参考和指导意义。新型城镇化强调以人为本,现代文化的大众性强调从当前市民的感受出发。凯文·林奇认为:"我们不能将城市仅仅看成是自身存在的事物,而应该将其理解为由它的市民感受到的城市。"[1] 通过大众传播影响公众对城市感知的现代文化,能够拓展对城市规划研究和实践的广度和深度,从人的视角和人的尺度来理解城市,强调城市的社会性和时代性。

现代文化主要是指工业社会以来所产生的新兴文化。城市化与工业化的进程息息相关,因此现代文化更加具有都市性,与城市化、现代化和全球化相互交错影响,共同塑造了当代以城市为核心空间载体的人类文明。现代文化对于城市具有极其重要的价值。对于城市而言,文化是城市精神延续的纽带和持续发展的重要动力。而现代文化则塑造了新时期城市的环境风貌和精神气质。历史文化固然对于城市的形象塑造和市民认同具有重要意义,但不可否认的是,城市化是一个发生在现代时期的历史过程,绝大多数城市和城区都是在近一两百年内,特别是近半个世纪内建造的。这一时期的文化发展与城市建设相互交织,深刻地影响了当代城市发展的内涵。

以往关于城市文化的研究,多为探讨历史文化保护与传承,对于现代文化、特别是互联网时代的新兴文化的探讨较为缺乏,更缺乏对现代文化作用于城市的机制,以及城市规划相关应对的探讨。现代文化内涵丰富,不断创造新的文化形式,对于城市发展繁荣有着重要意义。当前的城市文化发展,亟须调和精英与主流的文化身份,通过灵活、多样和协同参与的形式,满足多元文化主体的需求,并促进新时期城市文化的健康演进。城市规划应当积极介入现代文化与城市互动的历史过程,通过促进其与传统文化融合,实现城市文脉的传承与弘扬,赋予城市新时期的精神气质,培育城市经济新动力,提升城市品质和魅力。

---

[1] 凯文·林奇.城市意象[M].方益萍,何晓军,译.北京:华夏出版社,2001.

第一节　现代文化潮流与城市的相互影响

一、城市的文化性

城市是一个包含了大量物质性和非物质性因素的复杂巨系统。与物质性因素不同，以文字、音乐、艺术作品等为载体的城市文化，具有可重复消费的特性，在城市发展的历程中不会被轻易消解，而且会被不断诠释出不同的意境。城市文化具有独特性、空间性和综合性的文化形式，在其基础上凝练而出城市的精神。[1] 独特的城市精神能帮助城市避免全球化所带来的趋同效应。[2] 城市文化的感知是感性与理性并行的认识活动，其始于人类的感性认识，但是随着其发展，感受者不断用逻辑思维进行加工和再加工。在信息获取、转化和应用的过程中，感性和理性相互融合。城市研究者也有必要对城市进行文化视角的科学研究。

二、城市发展史与文化史

城市发展史既是一部科技史，也是一部文化史。从不同的历史发展阶段来看，原始社会生产力较为落后，但当时的人类也创造了岩画等原始的文化类型。在农业社会，城市文明逐渐发展起来，以东方的诗词歌赋和西方的古典音乐和文学为代表的文化，也成了封建社会各阶级精神生活的反映。工业社会以来，城市文明开始逐渐成为人类文明的主流，并且随着全球化的进程不断扩展。流行音乐、迪斯科、商

---

[1] 张景秋.城市文化与城市精神：规划中的辩证统一[J].规划师，2008（11）.
[2] 贝淡宁，艾维纳·德夏里特.城市的精神[M].重庆：重庆出版社，2012.

业电影等工业化、流水线型的文化产品畅销全球各地,为世界各地同质、均一化的城市发展推波助澜。进入后工业社会后,先锋艺术和前卫艺术不断涌现,分散化、非主流和去权威化成为这一时期新兴文化的特点,与全球城市网络中各节点不断凸显、城市层级去中心化的特点相呼应。各种亚文化、小众文化的城市空间不断涌现,均反映了后现代的社会思潮。在正在到来的数字化社会的发展过程中,互联网为城市文化带来了新的发展动力,城市与文化的相互作用进入了全新的阶段。

三、现代文化及其特征

现代文化是现代工业文明和商业文明的产物,其最主要的特点就是"波普化"(流行性)。在第二次世界大战后的 20 世纪五六十年代,西方社会诞生波普艺术(Pop Art),又称新写实主义,借助商业传播,形成了大众流行文化。而大众对其的广泛接受又推动了其持续的发展。当代艺术家理查德·汉密尔顿总结了波普艺术的特征:通俗易懂、可消费、可批量生产。① 波普艺术反映了工业文明向后工业文明过渡的时代趋势,也体现了当代流行文化的典型特征。

随着全球化过程中欧美文化,特别是以好莱坞为代表的美国文化的强势输出,发源于波普文化、以商业化和大众流行为特征的现代文化席卷全球。好莱坞电影、麦当劳、星巴克、NBA 等源自美国的文化,借助商业传播和大众消费的动力,成为普世化的现代城市文明的重要组成部分,并且与各国的工业化、全球化和自由贸易发展深度耦合。

现代文化与都市文明和消费主义息息相关,具有消费性、娱乐化和大众化的特点。文化传播与再造呈现一种"下沉"的特征,即现代城市文化面临着由精英向大众的传播导向的迁移。城市文化不再像过去一样局限于精英小圈子,而是通过大众化的主体的感知、交流与参与创作,使得文化受众越来越广泛,而文化品格越来越通俗。甚至在互联网上,大众化与草根性也造成了大量"三俗"内容的产生。这正如庞勒在《乌合之众》里所批判的"无名氏":个体意识在群体中的随波逐流。事实上,网络文化的受众结构是典型的金字塔形状:越往下层,受众越多(见图 7-1)。这种现象一直存在,但是在历史上,古典艺术的精英性质掩盖了大众文化庸俗的一

---

① 刘冬梅. 波普艺术与大众文化 [J]. 美与时代:下,2012(7).

面：草根的文化生产极度缺乏效率，并且远离社会舞台的中央。图书馆、剧院、期刊都为文化的生产和传播设置了相当的门槛。直到移动互联网的出现，在人类历史上第一次出现了文化生产能够几乎到达每一个受众终端的情况。通过智能手机，每一个人都参与网络文化的生产和传播，进行全民的狂欢。从网络小说到网络游戏，互联网的"屌丝经济"开始定义了新的"草根的"、自下而上的文化生产模式，"咪蒙体"文风网络文章的走红，恰是对传统精英文化生产的解构与嘲讽。

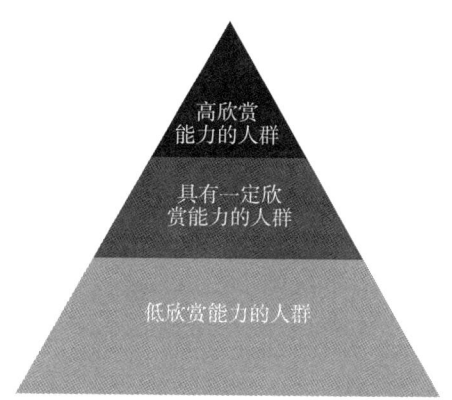

图 7-1　根据欣赏水平划分的文化受众层级

四、信息时代互联网文化的演进

在当前信息爆炸与消费升级的背景下，以互联网、移动互联网为驱动和载体的信息技术，不断生成新的文化形态。波普艺术与大众文化日益"比特化（数字化）"，自下而上驱动的文化生成层出不穷。与此同时，随着快速城镇化的发展，社会经济的飞速变迁，城市文化与城市的实体空间深度耦合交织，共同产生剧烈演变。信息技术推动着实体和虚拟文化空间相互渗透。以新兴文化为表征的城市时空分割和时空压缩不断加剧。

信息时代的减物质化、服务化、服务即时化、去中心化等特征，正在对城市文化进行着深度的颠覆。新的文化生产模式（例如用户生成内容模式）、系统性的变革、突破和跨界都成为信息时代文化生成与传播的常态。城市文化面临着由精英向大众、由传播向感知的变革。一方面，信息技术带来了工业时代文化生产方式的后现代转变，全球化与同质化相伴而生，城市愈发成为库哈斯所定义的"广谱城市"；另一方面，互联网的去中心化与下沉趋势，亚文化、亚群体等不断出现，造成了城市文化的参与者更加多元，表现更为复杂和动态，具有时空跳跃性。互联网文化的交互、即时、浅层化、碎片化、消费化特征，使得传统主流、精英为特征的城市文化不断瓦解与重塑。特别是作为一种媒体介质的移动互联网，其产生的新媒体模式具有粒度小、自由移动的特点，更是对这种下沉的趋势起到了推波助澜的作用。文化强势与弱势、规范与失控、主流与另类等因素，都引发了都市人文领域的变革和冲突。文化重构与经济调整，社会分化亦深度关联，随之造成了城市个性的丧失、自我认同的缺失、城市感知的迷思等。此外，智慧城市、物联网和大数据等新兴技术，有助于以人为本的全面感知，通过对人的时空行为、精神虚拟活动的全样本信息采集，实现对信息时代的都市文化进行全息分析与挖掘。

城市的文化空间是公共空间的一部分，也体现了文化生产这一社会过程的空间性。按照列斐伏尔的观点，日常生活、异化、城市状况，诸多社会关系的空间性和现代性密不可分，是理解社会生产最重要的视角。侠义的公共空间是居民日常生活和社会生活公共使用的室外及室内空间。按照哈贝马斯的公共领域（Public Sphere）的概念，公民对于公共议题的参与和互动，可以得到一个广义的公共空间的概念：不仅仅包含广场、街道、咖啡馆这样的具体场所，也包含聊天室、BBS、网上社群等网络空间。互联网文化创造了一种前所未有的异质空间[1]，是一种非传统的、具有颠覆性的异质社会空间与景观，一种介于现实和虚拟的第三空间。

豆瓣网"阿尔法城"以 GIS 类应用开创了 SNS 网站的先河，有人评价其为"痴迷于城市规划的豆瓣创始人的一次文艺乌托邦的尝试"。[2] 这是一座虚拟的、包含了许多社区和街道的城市，网友可以根据个人爱好聚集、发展社区，通过交往和互动扩大城市。这种基于兴趣的互联网社会交往，与现实公共空间的形成基础具有类似性[3]，在网络上再创造了虚拟空间，比如豆瓣网"阿尔法城"。

网络直播是网民们可以同一时间通过网络系统在一个平台进行各种交流活动的新兴的社交方式，直播平台也成了新的社交媒体。在 YY、快手、酷狗直播等网

---

[1] 米歇尔·福柯在《关于异类空间》中称其为"异托邦"（Heterotopia）。

[2] 张经纬.消失的虚拟城市：豆瓣"阿尔法城"首次考古发掘报告［EB/OL］.（2015-03-24）［2019-0-18］. http://www.thepaper.cn/newsDetail_forward_1314256.

[3] 扬·盖尔在《交往与空间》中提到社会关系和建筑布局的关系时，引用了哥本哈根建筑学院的研究结论："社会交往的形成与否主要取决于居民之中是否在经济、政治或意识形态方面有共同兴趣。如果找不到这些因素，就没有相互交往的基础。"

站或APP的直播间中，主播们除了直播游戏和各种日常生活，最常见的是大量女主播表演唱歌，并且随时和粉丝互动，进行聊天或者玩游戏等。这样的空间，可以说是公共空间和私人空间的一种相互渗透。一个个网络直播间仿佛社会生活的"容器"，体现着人们线上线下活动的复合性。

流行文化一直以来都在对城市空间进行着塑造。在爱尔兰首都都柏林，在游客最为密集的圣殿酒吧区，一面明星墙（Wall of Fame）把包括U2、男孩地带等在内的诸多爱尔兰知名音乐人的大幅照片展现给路人，成为著名的旅游景点。在信息社会，通过线上线下的相互渗透，基于互联网的流行文化将对城市空间产生更多的影响。在移动互联网时代，明星借助新媒体对城市文化空间和旅游景点产生新的塑造。[1] 2016年春，中国新生代的大众偶像鹿晗将自己与上海外滩一个邮筒合影的照片发布在网上，引发了大量粉丝与邮筒的拍照合影，客观上创造了一个新的文化地标。

在2017年最新兴起的一种直播的活动——尬舞[2]，特别体现了这种复杂的空间性，非常能代表公共空间使用活动的线上线下空间融合的特点。与以往表现出集体性的广场舞不同，尬舞更加强调打破舞蹈常规，突出个性，并在直播的推波助澜下不断突破常规认识的边界。尬舞实质上是移动互联网支持下的一种自发的娱乐升级。舞者多为社会底层低收入群体，没钱到舞厅消费，于是在公共空间通过一种"群魔乱舞"的方式进行情绪宣泄。在现实中他们只是向微观群众展示，但是通过移动互联网可以无限放大其受众，将其视频传播到各地。尬舞集合了公众与个人的情绪表达，通过移动互联网实现了一种对公共空间的再造。它将舞者重新拉回了一度人气不足的广场，在现实和虚拟的世界中为公共空间增加了人气。舞蹈来自于现实空间，传播于网络空间，并最终又反馈到现实空间：通过网友的观看带来了直播收入，进而影响到了实体公共空间舞者的舞蹈活动。在这一过程中，网络公共空间通过观看者的反馈，向社会生活主动进行了渗透。

---

[1] 李昊. 街道活力的一种真相：如果鹿晗来做城市规划会怎样？[EB/OL].（2016-04-14）[2019-02-23]. http://www.thepaper.cn/newsDetail_forward_1456316.

[2] 一种说法是尬舞表演极度混乱，缺乏艺术性美感，让人感觉到尴尬，因此被称为"尬舞"。

第二节　现代文化对城市规划和建设的意义

彼得·霍尔非常强调文化在城市规划与建设中的作用，他认为城市不能脱离其文脉和根植的文明而存在。① 城市的空间结构与建筑物设计，本身也是文化符号的表现。② 在现代社会，文化不再局限于其本身，而越来越成为城市发展的动力。③ 因此对城市规划和建设的研究，不但要采用文化视角进行分析，更要重视现代文化对于城市的影响。基于大众传媒的当代文化与当代城市的相互塑造过程，也为城市空间的设计者们提供了一个再次认识城市的窗口。城市规划是对一定时期内城市的经济和社会发展、土地利用、空间布局以及各项建设的综合部署、具体安排和实施管理。④ 城市建成环境是城市文化的重要表征。某种程度上讲，城市规划本身也是城市文化的组成部分，是城市文化发展思想智慧的产物和结晶。⑤

城市所在的特定文化背景，深刻地影响了城市的物质形态特征。第二次世界大战后，美国、澳大利亚等英语国家的城市蔓延，就是英语国家文化中的"反都市"（Anti-urban）、热爱乡野的传统在机动化时代的反映。借助《绝望的主妇》等一系列影视作品的影响，郊区别墅、小汽车通勤的文化形象与中产阶级的"美国梦"画上了等号。如果不关注这种城市发展特征的文化背景，就很难对城市蔓延进行深入的理解和有效的规划干预。

---

① HALL P. Cities of tomorrow：An intellectual history of urban planning and design in the twentieth century [M]. New Jersey：Wiley-Blackwell，2014.

② 迈克·费瑟斯通.消费文化与后现代主义 [M].刘精明，译.南京：译林出版社，2000.

③ 张景秋.城市文化与城市精神：规划中的辩证统一 [J].规划师，2008（11）.

④ 根据《城市规划基本术语标准》（GB/T 50280-1998）的定义。

⑤ 任志远.略论城市文化发展与城市规划 [J].上海城市规划，2012（3）.

第七章　现代文化潮流及城市规划的应对

　　建筑与城市规划理论和实践的主体是人，也不可避免地受到特定时期下社会思潮的影响。以一战后到大萧条前的德国为例，当时的魏玛共和国文化氛围活跃，各种社会思潮激荡碰撞。苏联构成主义、苏联蒙太奇、苏黎世达达主义、柏林达达主义、意大利未来主义等文化和设计的思潮在此交汇。在这样的氛围下，当时的德国不仅产生了《大都会》这样先锋性的早期科幻电影（见图 7-2），也孕育了包豪斯学派这样的现代主义建筑。文艺思潮和建筑思潮相互交织、相互影响，共同引导了城市发展的方向。

图 7-2　德国 1927 年电影《大都会》海报（左）及剧照（右）

　　另一方面，现代文化也通过大众的时空行为，无孔不入地对城市空间环境进行了再塑造。对于新加坡这样的新兴城市国家而言，其绝大部分建筑均产生于近二十余年的现代化过程。在这一时期，基于现代科技文明的未来主义、赛博朋克（Cyber Punk）文化深刻影响了前瞻性、未来性的城市建设的风格。如果观察过科幻电影《云图》中对未来城市的刻画，就可以在新加坡这类新兴城市的都市景观中发现其相似性。

　　现代文化深刻地影响了城市风貌、城市人的身份认同、城市社会空间的分异，以及城市精神与情感的意象。现代文学、流行音乐和电影等，都对外来者提供了先入为主的城市概念和想象。以王家卫的电影为例，在其代表作《重庆森林》和《堕落天使》中，故事情节让位于感情的表达和渲染。影片以强烈的个人风格，对我国香港的人际情感进行了后现代的刻画。这些作品为广大受众提供了一个不同于常规的经济繁荣、高度竞争的城市形象，塑造了感情的游离、迷惘和落寞的城

125

市意象[1]，影响了人们对于香港的感知。

而在冷战结束后的柏林，音乐人、艺术家、背包客、嬉皮士等的聚集，先锋艺术的发展，使得柏林的"酷文化"意象广为传播：新潮、冷峻、反叛成了城市的形象特征。[2] 在沈祉杏介绍柏林城市建筑的著作《穿墙故事——再造柏林城市》中写道："（柏林）就像德国电影《罗拉快跑》里的罗拉，染着怪异橘红色头发，长得不美不丑，也非有棱有角，身材虽高却不修长优雅，衣着既不时髦也不复古，个性叛逆孤僻，表情冷冷，但意志力坚强，总想一再改写历史。"[3] 可见现代文化已经为柏林创造了全然不同的城市文化特质。

---

[1] 李昊.电影中的城市：空间的叙事与叙事的空间[J].北京规划建设，2016（3）.
[2] 李昊.理想城市的十个要素[J].北京规划建设，2016（6）.
[3] 沈祉杏.穿墙故事：再造柏林城市[M].北京：清华大学出版社，2005.

第三节 城市规划的合理应对

当前,我国城市规划面临着变革,物质形态规划所面临的一些问题,一定程度上在于其意识形态与社会思潮的脱节。规划必须通过强化其文化内涵进行范式转型。荣格说,"文化最终沉淀为人格"。新型城镇化强调以人为本,因此必须考虑人所处的时代环境,有必要将现代文化纳入规划因素的考量,积极引导现代文化对于城市发展的正面作用。

一、融合传统与现代文化,优化城市形象

现代文化既有全球化、普适性的一面,也有张扬个体个性的一面。因此需要通过现代文化的发展,挖掘和弘扬城市的个性。应弱化全球化带来的现代文化对城市的冲击,避免城市设计中的"贪大求洋",避免在规划设计中对历史文化的片面解读和生拉硬套。应在继承本地历史文化的基础上,创造个性化的现代文化,通过推动现代文化与历史文化的融合,促进城市新老文化、新老城区的和谐共存、有机更新和协同演进。

随着城市的发展,城市意象也在不断演变。应及时推动现代文化和城市的良性互动,同时提升两者的思想内涵和艺术品位,避免低级趣味的庸俗化。应在城市规划和设计中,通过不断吸纳新兴的现代文化,创造城市独具魅力的意象,体现城市与时俱进的文化气质和精神面貌。新兴城市应创造符合自身特点的形象特色,通过现代文化强化街道广场、公共建筑等重要空间节点的形象塑造,让城市跟上时代的脉搏,将其特色底蕴展现在建成环境中,体现城市在新时期的活力和魅力。

二、发展文化创意，振兴城市产业

文化产业作为一种广泛意义上的"文化—经济"类型[①]，开辟了国民经济的新领域，越来越成为城市的核心竞争力。文化产业和创意经济的结合与发展，成了经济的新增长点和许多城市的支柱产业。文化创意产业根植于现代文化，强调面向未来的创造性。城市规划中应通过鼓励和推动文化创意产业（包含文化观光、文化旅游及休闲商务等）的发展，带动旧区改造、城市更新等，以文化引领城市振兴，推动城市创新驱动和转型发展。近年来，国内外涌现出大量这样的例子。德国的鲁尔区和纽约的苏荷区均为工业遗址城区，通过文化创意产业的发展，两地都焕发出新的活力。深圳作为一个新兴城市，近年来通过当代艺术、先锋音乐、创意设计、独立影视的发展，打造成了"创意之都"。

三、建设现代文化设施，打造宜居生活品质

现代文化服务设施能够促进当代都市活力的提升。在城市规划中，除了对历史文化建筑、街区的保护以外，还要注重积极建设现代文化设施。通过现代文化馆、画廊、音乐厅、艺术馆、小型现场演出的场所、酒吧、舞厅等直接和间接展现现代文化设施的布局、建设和发展，打造现代文化的空间载体，服务市民生活，丰富市民精神生活，提升城市生活品质，营造现代、健康的城市生活氛围。

四、通过大众文化推动公众参与

哈贝马斯认为，社会与文化的分化绝不是单一的过程，伴随这一过程，科技、道德和艺术也会在一种相互依存、相互渗透的发展过程中分化。在科技发展日新月异的今天，ICT 技术对人类生活的多维度进行渗透，人类社会时空压缩，社会分层和空间分异愈发显著。当代文化的现代性蕴含着自下而上的市民精神。[②] 现

---

① 单世联. 现代性与文化工业［M］. 广州：广东人民出版社，2001.
② 罗振宇曾对此高度评价："你无心在社交网站上发布的言论都将赋予城市新的生命力。"

代文化，特别是互联网文化，具有大众性、互动性和参与性的特点。在"参与式规划"和"协商型规划"越来越成为发展方向的今天，应通过互联网和新媒体，将长期以来主导城市文化话语权的"精英文化"与新兴的"市民文化"相结合。通过评论记录和影音多媒体等多种方式，帮助市民参与城市事务，积极拓展公众参与城市规划的渠道，在消除"信息鸿沟"的同时消解"文化鸿沟"，动员社会草根的力量，形成多元参与、协同共治的"众规划"氛围和合作机制，进而提升规划的合理性和实效性。

第八章 老城可持续再生中的文化力量

王宇
北京大学城市规划与设计学院硕士研究生

吴磊
北京大学城市与环境学院博士研究生

城市更新是城市发展过程中所要经历的必然阶段，第二次世界大战后的西方工业强国经历了大城市的居住和生产方式由城市中心向外围郊区迁移的过程，随着基础设施老化、就业和消费活动的萧条以及治安管理问题的显现，老城区逐渐步入衰落的进程，基于繁华的历史和衰退的趋势，西方国家间逐渐兴起了城市更新的运动和思潮。在中国，城市建设以生产性建设为主导，局部的旧城更新中以小规模危房改造和基础设施建设为主；20世纪70年代后期的住宅建设中，采取了"填空补实"的方式，一定程度上破坏了城市空间的形态风貌和景观；自改革开放至90年代初期，城市发展无法与经济开放的进程相协调，老城区的空间和功能衰退进一步显现；直到20世纪90年代以来，随着经济的快速发展，城市更新成为产业结构调整和地方土地增值的一系列重要手段，更新力度也不断增大，这一时期的城市更新虽然使老城的空间、功能和环境问题得到改善，但同时也造成了开发过度、活力降低和社会阶层分化的影响。

近年来，西方城市更新研究显现出多视角化和多样化的特征，有大量学者关注新的"绅士化"的议题，研究高收入人群的迁入是否可以带动中心城市的发展活力，也有学者关注城市更新进程中的创意产业作用研究，以及一些学者重点关注城市可持续发展的影响，重点在于构建兼顾经济、社会和环境可持续发展的可实施路径。当前普遍认同的老城区更新价值观是历史文化的传承和城市风貌的协调。因此在老城区的可持续再生过程中，既要有文化经济的意识，以发挥文化传承的情感价值；也要有经济地理的意识，以发挥老城区对文化创意产业的特殊区位优势。

文化在老城区可持续再生的过程中，是一种综合作用的结果。其中，形态意识既保护了物态文化，同时也保证了文化活动的物质载体可以存续；社区居民的参与意识丰富了文化活动的行为主体，同时也更好地体现了情感价值；而经济意识则是将"文化"的要素上升到生产与消费的层面，不仅强调文化的利用价值，也突出文化对人的效用或满足程度，当文化成为一种生产动力和增值动力，城市再生的文化机制就具备了可推广和借鉴的意义。

第一节 文化传承与创新培育——历史街区的可持续再生

一、国内外历史街区保护倡导概述

20世纪的规划思想流变中，历史文化保护的重要性逐渐被社会所重视。1933年的《雅典宪章》提出对城市历史文化遗产的保护，强调具有历史价值和代表某种历史文化的古建筑、片区应当予以保留；1964年的《威尼斯宪章》提出要保存与历史性城市有关的价值和它的物质风貌，具有启发性的是提倡采取措施，尤其是经济措施，促使居民积极地参加保护工作；1976年联合国教科文组织通过的《关于历史地区的保护及其当代作用的建议》强调了历史地区及其所处环境的重要性和整体性；1977年国际建筑协会推出了《马丘比丘宪章》，将城市历史文化遗产的保护理念从物质层面提升到了社会经济层面，要求保护、恢复以及再利用的同时需要兼顾经济效益和文化传统；1987年国际古迹遗址理事会通过了《保护历史城镇与城区宪章》（《华盛顿宪章》），首次提出了"历史城区"的概念，也规范了历史城镇和城区的保护目标；2005年国际古迹遗址理事会在西安通过了《西安宣言》，提出了文化遗产保护的范围要扩大到周边环境所包含的一切历史的、社会的、精神的、习俗的、经济的和文化的活动。

从20世纪一系列的国际宪章和倡议中可以看出，历史文化保护的内涵和意义处在逐步深化的进程中，范围划定从历史文物逐渐扩大到其所在的场所和环境，保护层次从物质空间保护逐渐扩展至经济效益和社会效益的兼顾。

我国的《历史文化名城保护规划标准》（GB 50357—2018）中对"历史城区"的定义是"城镇中能体现其历史发展过程或某一发展时期风貌的地区，涵盖一般通称的古城区和老城区"；"历史地段"是指"能够真实地反映一定历史时期传统风貌或民族、地方特色的地区"。可见，历史城区与历史地段总归是一种空间概念。而且《历史文化名城保护规划标准》要求建立历史文化名城、历史文化街区和文物保护单位三个层次的保护体系，并且提出一系列格局风貌协调、道路交通管控、建设高度控制和市政工程管控的要求，以及一系列维护运营的开支，因此历史街区往往成了"制约"城市建设的重要因素。

因此当我们将视角回归到《马丘比丘宪章》中，提倡将历史文化遗产的保护与社会经济效益相关联，对于分布更加普遍的历史城区依然具有借鉴意义。既要保护历史街区的物质形态、空间格局，也要进行空间的再利用，当保护的经济效益得到保证，相关参与主体的积极性才能提高。良性循环最后的结果是在新的社会环境下，历史文化遗迹的文化传统可以得到延续，而且在新的社会背景下，形成新的文化特色。

二、文化与历史街区的作用机制

历史街区的可持续再生是提升历史街区活力、协调保护和利用的关系的一种发展方式，既需要行政强有力的保护管控手段，也需要政府、社会的多方协同的开发利用机制。在对历史城区的开发利用中，要注重其资源的挖掘与利用。历史街区的价值是在人的劳动创作中所积累的资源，经济学家程恩富认为，文化资源是人们从事文化生产和活动所能够利用的资源，既有物质财富也有精神财富。

老旧历史城区的资源往往得不到高效率的利用，因此保护成了负担，如能通过开发手段将其文化资源加以利用，将会在利用过程中显现出其自身的价值。有学者认为，历史古城的价值可以分为利用价值和非利用价值两个部分。以劳动价值论的视角来看，利用价值是历史古城的商业旅游业运营、生活居住、科研教育等方面在人类劳动中所显现出来的经济效益；而非利用价值则是一种隐性的、无法在当前直接产生的经济效益。以效用价值论的视角而言，人们愿意为历史城区继续存在而自愿支付费用，也愿意为将来会进行的文化休验而预先支付费用。

"城市再生"的目的不仅是物质层面的保护，更是城市魅力与竞争力的再塑。因此，历史街区更新中的文化力量表现形式一方面是通过文化形象再塑以提高历史街区的情感归属，进而提升城市的整体魅力；另一方面通过文化产业的培育，营造历史街区的发展动力,从而提升城市的竞争力。

(一)文化形象的再塑——基于文化经济视角的情感归属力量

"非利用价值"是暂时无法直接在市场中显现的价值,但是具有期望的"效用"或"效应",因此可以称为"心理价值"。由于城市可持续再生所强调的城市魅力营造包括宜居、文化品位和城市形象等层面的含义,所以可持续再生的文化魅力策略要注重时期和类型上的多样化。

城市的历史是有纵深的,历史街区的形成也具有过程性。城市的历史韵味既浓缩于历史建筑、老旧铺面等物质载体中,也会沉淀在街巷院落、水系路网等格局肌理中,更会依附于生活方式、商业模式、社会习俗等活动形式中。单个的历史建筑和文物是具有某一年代特征的;而街区肌理则是在漫长的演变中逐渐形成的,其中融合了发展过程中不同年代的文化风貌;社会活动形式则是传统的文化习俗结合当下社会环境以及历史城区的空间风貌形成的当代文化形象。

保护城市的历史文化,不仅是保留和还原某个时期的历史建筑遗存,也不仅是打造某个特定时期的景观风貌格局,而是要保护其历史文化和城市记忆,保护经久不衰的文化活动形式,这样才能够保留这份情感归属。可持续再生的过程不是单一的保留,也不是花重金的美化,而是寻求一种多方参与机制的引导和文化魅力的振兴。营造城市历史景深,既要能够保留传统的情感归属,也要结合当下的社会经济环境,引入适合当地生存的文化业态和文化形式,从而形成一种良性的循环机制,社区居民参与、民间资本参与将会成为更新的重要动力。

(二)文化产业的培育——基于经济地理视角的创新集聚力量

历史城区的可持续再生过程中,营造城市竞争力是重要的目标,而这种竞争力可以是城市活力、创新能力、宜商宜业等。而文化创意类产业恰恰是一种知识型产业,可以为历史城区的保护和再利用提供良性的循环途径。因此我们需要了解两个过程:一方面,从区位选择理论的视角审视历史街区的情感价值,我们可以发现其对文化创意产业具有吸引力;另一方面,从知识演化和创新的视角审视历史街区的可持续再生,我们应当注重交往空间的营造。

1. 历史街区的情感价值促进文化创意产业的集聚效应

区位理论和经济地理学研究的出发点是人类活动所占有场所的主要生产要素的禀赋状况，而研究的基本问题是厂商和产业选择何种生产区位，它涉及人类活动的空间选择及空间内人类活动的组合。

古典区位理论仅考虑利润或成本，而现代区位理论还额外考虑到非金钱收益和人们的情感需要，具体包括要素投入、原材料、资本、劳动力、技术与知识、吸引与稳定人次、形象、名声等。因而，仅仅从经济的视角考虑，即从成本和利润考虑，似乎并不足以解释现实世界中企业或产业的区位选择。例如为什么百度选择北京，腾讯选择深圳，阿里巴巴却选择杭州？事实上，从经济地理理论出发，产业的区位选择带有极大的偶然性。

同样，对于文化创意产业的区位选择，利润或成本是其重要考量，然而"文化"因素却是更为关键的影响因子，也是其区位选择最大的"偶然"。因为文化创意产业的基础是文化，核心是创意，文化来自于历史的积累与沉淀，创意很大程度上来自人与社会文化的互动。历史街区作为历史的空间载体，承载了文化与岁月的力量。因而，历史街区很容易唤起人们的回忆和思考，从而获得人们的认同感和归属感。对创意工作人员来说，历史街区的氛围更容易激发其个人的创造、技巧与才能。因为情感的认同营造了创作的氛围，文化的沉淀提供了创意的素材，历史的痕迹打开了想象的天马行空。此外，汇聚于同一历史街区的创意工作人员，大多具有相似的情感倾向与文化价值，因而也更有利于同行之间的交流，从而在"历史"与"艺术"的氛围中激发创造的灵感，实现创意的产生与扩散，为文化创意产业的形成奠定良好的人文环境基础。

2. 历史街区的可持续再生促进知识演化和创新机制

在文化创意产业的发展中，知识演化的过程尤为重要。借鉴日本学者野中郁次郎和竹内弘高在1995年提出的SECI模型，其中创新的知识场（Ba）理论可以解释知识创新的过程机制。

根据SECI模型和Ba理论，可以将知识分为显性知识和隐性知识。隐性知识是一个过程性的概念，包括对事物的认识或直觉的过程，以及思考和理解的模式，隐性知识的产生、维持和表达都是一个需要交互的过程；而显性知识则能够通过文字、图像等记录的方式进行传递和分享。SECI理论将知识的创造过程分为社会化（Socialization）、外在化（Externalization）、组合化（Combination）、内隐化

（Internalization）的过程，螺旋上升的每一个阶段都会形成一个"场"，而每次螺旋也会形成知识的创新。其中，社会化是通过分享经验，将不同个体隐性的知识进行汇聚的过程，可以是经验和技能的传授，也可以是态度和思想的交流；外在化是将隐性知识表达成为显性的过程，也是将动态的知识进行静态化的过程；组合化是指将分散在个体的显性知识进行整合的过程，需要通过媒介进行交换和组合；内在化是将流传的显性知识进行理解、吸收与再创新而形成自身新的隐性知识的过程。而每个场之间的转化不是一蹴而就的，知识的隐性或显性存在一定的不确定性，因此中国学者提出了"量子跃迁"理论来修正SECI模型，形成了内螺旋的模型，从而得以解释隐性知识与显性知识之间对接的矛盾，也就是各"场"之间的矛盾（见图8-1）。

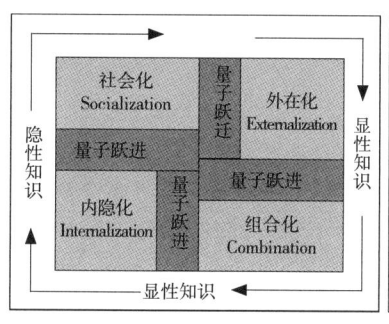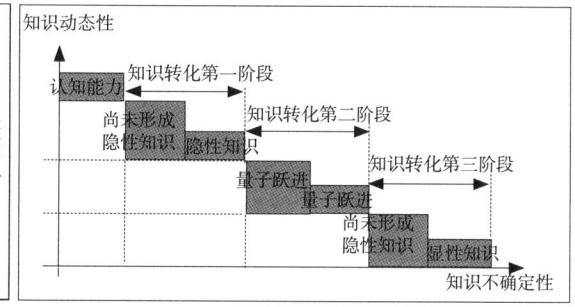

图8-1　知识演化和创新的动态过程

在"内螺旋"的过程中，通过知识的不确定和动态性将整个螺旋过程分为三个阶段：第一阶段在认知能力的基础上，分化出了由于高不确定性而尚未形成的隐性知识以及成熟的隐性知识；第二阶段是在隐性知识的基础上进行能级的跃迁，先从自身的隐性知识转化为较高动态性的临界状态，再转化即将进入另一个"场"中的低动态性的临界状态；第三阶段是在知识"量子跃迁"的基础上进一步分化，形成显性知识和尚未形成的显性知识。我们可以发现，整体转化过程不是一个平滑的曲线，而是阶梯状的变化过程，因此每个阶段的知识都是在上一个阶段的基础上进行了社会交往的成果。

螺旋式的SECI模型应当注重提高组织对动态和不确定环境的适应能力，只有提高组织对知识转化动态的适应性才能够促进组织内部知识的形成和扩散。对于历史街区的可持续再生而言，需要注重从业人员的社会交往和灵感。因此在影响

"文化创意 +" 产城融合发展

文化创意产业的区位因素中,交往空间和办公空间就极具重要性。当历史城区遇上文化创意产业,其中的咖啡厅、酒吧、餐馆等具有社会交往性质和文化艺术气质的商业空间,就成了吸引文创从业者的重要力量。

另一方面,在组织知识转化的过程中,应当高度重视隐性知识的来源,特别是注重提高个体的认知和创新能力。因此,历史街区的文化特色和历史积淀是吸引创意工作者的重要因素,在可持续再生的过程中应当循序渐进,逐步提升街区的文化魅力。当街区具备更强劲的文化魅力时,更多具有高认知和创新能力的工作者将会选择此地,因而强化了螺旋上升的基础环节,进而能够促进知识转化的进程。而每一次知识转化螺旋的进行,都会进一步提高创新工作者的集聚以及街区文化魅力,因此形成了知识转化—文创产业—街区魅力的相互促进机制,从而能够形成良性的产业发展机制。

第二节　文化经济与产业转型——产业的可持续再生

"有城市就一定有产业,有时候产业能够强大到足以缔造一个城市。"产业是城市发展的动力系统,如果一个城市缺乏有力的产业支撑,则城市不仅可能发展停滞,还极有可能走向衰落,如美国的"绣带"、德国的"鲁尔"以及中国的东北地区都经历了传统工业发展不可持续所带来的阵痛。因此,在城市更新或老城可持续再生的过程中,无论是城市功能的调整还是城市空间的再利用,其新旧动能转换的关键就是为城市衰退的产业内空间产业注入新的活力,即实现老城产业空间的再利用和可持续发展。

然而,纵观城市的发展历程,没有哪个城市仅仅因为经济实力强大或产业发达就具有永恒的魅力和持久的吸引力,缺少文化品位和文化底蕴的城市,很难成为一个宜居乃至可持续发展的城市。"城市是文化的容器",独具特色的文化展示着城市的风貌,体现着城市的品格,凝聚着城市的精神,是城市魅力的集中展示。不止如此,文化也有经济和产业属性,文化与经济发展的结合日趋紧密,文化逐步融入经济发展,经济发展也日益体现文化的内容。在产业方面尤其如此,文化已经成为推动与引领产业发展的重要因素。

在城市更新或可持续再生中,应注重老城的文化内涵与文化名片的建设,不仅应发展城市经济与产业,也应增加城市文化内涵,提高居民生活质量,以实现老城改造与整个城市发展的协调与可持续。具体而言,老城改造应该建立新的产业体系,依靠老城过去的产业结构显然无法实现老城的复兴或再生。因此,一般的做法是在原有产业的基础上寻求发展的突破口,或者注入新的动力,使其既摆脱传统产业的限制,也能实现新旧动能的有效承接。一个有效的途径是,充分利用老城衰退的产业空间的文化底蕴,通过文化的产业化为产业发展与规划注入新的元素,既有利于实现"产业 + 文化"的升级转型,也有利于实现产业空间的文化改造与再利用,从而给老城一个新的、可持续的发展空间。

一、产业转型或重构：文化创意产业与创意旅游

在老城改造或老城可持续再生中，其城市功能的调整首先是产业的发展与规划，具体有两种思路或模式，即转型（Transition 或 Transformation）与重构（Restructuring）[或重组（Reorganization）]。

转型是指对老城的经济结构或产业结构进行适应性调整，属于改良，即对不适应城市发展阶段或老旧的技术结构、产业组织结构与体制结构进行部分矫正，使之符合产业优化发展的要求；重构或称重组，是指对老城原有的经济结构、技术结构或产业结构进行推倒重来式的全方位调整，属于彻底改组，即完全彻底推翻既有的产业系统，全方位接纳新技术与新产业，并重塑当地文化体系。由此可以看出，转型是渐进式的、局部的调整，产生的震动相对较小；重构相当于置之死地而后生，是激进式的、全面的调整，对原有格局所产生的震动巨大。

根据根植性或嵌入理论，文化创意产业绝不是文化、创意与产业的简单组合。老城的经济生产或产业结构植根于拥有共同价值的、渗透进市场并影响市场运行的社会文化体系，这种经济结构和社会文化的关系促进了发展，即产业、文化和社会的共生性产生了协同、合作和交互作用，形成地方固有的产业基础或产业文化。当老城衰落，地方发展停滞不前，文化与产业会陷入双向"锁定"，从而使得老城产业发展动力不足，文化缺乏活力。

再根据文化创意产业的最新理论和实践成果来看，文化产业和文化创意产业的起点是文化与创意，尤其是文化创意产业以文化为基础，以创意为核心生产要素，通过赋予历史文化以新的内涵从而给予产品或服务以艺术想象力的消费性创意产业，或者通过探索适合本土文化需要的产品或服务设计以满足当地需要的生产性创意产业。总之，文化创意产业是一个智力密集型产业，它超越一般的文化产业，强调文化、创意与第一、第二和第三产业的融合和渗透，从而重塑传统产业。如消费性创意产业重塑传统产业的服务内容，生产性创意产业中工艺创意重塑传统产业的产品设计，商业创意重塑传统产业的盈利方式。每一项创意都是在植根文化的基础上，将人们对产品的文化或创意的理解倾注于产品、服务与产业当中。

（一）老城改造与文化创意产业

文化创意产业的兴起，既是对现有产业的机制、经营和运作的总结，也是对旧产业的理论与实践的调整或反思，更重要的是它是在新的发展背景和语境中产生的新思路。可以说，文化创意产业是伴随着工业经济社会后期高新技术产业的发展和知识经济时代来临而产生的一种特定的产业经济形态。

文化产业把文化变成商品，但文化创意产业还在商品中融入创意的元素，并使之成为文化产品的主导和标志性元素，从而提高商品的附加值。因此，文化创意产业是知识、文化和产业融合发展的新形态，是现代服务业的高端组成部分，因而也成为老城改造或城市可持续再生的重要产业选择。

意大利博洛尼亚是在老城区的可持续再生中从文化城市到创意城市转型的一个典型案例。从20世纪80年代至今，博洛尼亚充分利用城市丰厚的历史文化，与城市发展和全局策略相结合，鼓励催化各种文化创意产业的发育和发展。

博洛尼亚是一座艺术和文化积淀深厚的城市，它拥有12个城市博物馆、1个国家博物馆、4个教堂博物馆、4个私人陈列馆、16所大学院所和1个犹太博物馆。博洛尼亚政府在进行老城区整体策略制定时，不仅充分利用该地区的文化资源，同时也引入了文化规划的理念。在此思路下，博洛尼亚老城区整体的更新由文化规划引领，发展了文化与市场和城市品牌的关系，不仅成了城市的文化中心，还以大学研究所为依托，与市政府合作推出了诸多文化项目，创意产业蓬勃发展。在创意城市的建设中，博洛尼亚首先把老城区充分地保留下来，维护其历史的脉络与建筑形态，功能上则充分利用这些文化资源，融入新的文化项目和创意产业，然后把它变成一种文化产出。这一过程中，博洛尼亚大学、各种文化协会、专家等均做出了很大贡献。

博洛尼亚大学建于1088年，为世界上最古老的大学之一，每年在著名的Alma Master学院就读的上千名大学生给这座中世纪古城带来了新鲜的活力。博洛尼亚城市以博洛尼亚大学为依托，借助大学的研究和创新发展了诸多文化项目。各种文化协会则定期或不定期举办活动，活跃了城市的经济。博洛尼亚的文化消费不仅拉动了经济，也提升了社会生活的质量，同时也增强了人与人之间的关系，促进社会更加和谐。同时，博洛尼亚拥有各个方面的专家，包括视听技术领域的专家、电影和数码专家、音乐家、画家、表演艺术家等，以艺术设计带动了产业的发展。例如，兰博基尼、法拉利、玛莎拉蒂和帕加尼这些耳熟能详的超级跑车品牌都是博洛尼亚大区诞生的艺术品,顶级的设计使得博洛尼亚成为著名的"汽车谷"。此外,博洛尼亚吸引了各种娱乐和文化服务方面的专业从业人员。顶级的专家与相关产业从业人员的较高素养,在城市的产业转型中起到了重要的作用。

再比如,进入21世纪,伦敦面临越来越多的挑战,如伦敦国际中心城市的地位受到欧洲诸多城市的威胁、区域发展不平衡与贫富分化等。在这一背景下,新成立的大伦敦政府重启了《伦敦规划:大伦敦空间发展战略》的编制工作,探索伦敦新的转型。结果经过几轮评测发现,文化产业在改变城市形象、提升城市竞争力和吸引力、激发城市活力等方面取得了显著的成效。鉴于此,2014年大伦敦战略规划专门发布了《文化都市2014——伦敦市文化发展导则》(*Cultural Metropolis 2014-The Mayors' Cultural Strategy for London*),实施文化导向的城市更新与复兴。在产业选择方面,政府重视文化投入和发展文化创意产业,并提升文化活力。为此,《伦敦规划:大伦敦空间发展战略》识别出九大重点发展的文化区域,以及一系列需要保护的历史遗产,并结合这些重点发展区域和历史遗产将文化遗产转化为文化产出,以支撑伦敦的城市更新。

因此,在城市更新,尤其是老城区改造过程中,可以通过文化与产业的联姻,再加上创意的链接,在充分尊重和发掘文化积淀的基础上,让传统产业在现代文明下焕发新的生机与活力,从而实现产业的现代化、可持续发展。

(二)老城改造与文化创意旅游

与此同时,在文化创意产业的基础上利用文化创意旅游等新的经济活动来补充已衰落的老城产业,使得老城改造的产业多样化,也是实现产业可持续再生的一个很好的举措。

文化创意旅游产业是旅游产业发展的高级形态,它是文化创意产业和旅游产业相融合的产物。它通过深入发掘老城区的地方特色及历史文化传统,依托城市发展进程中和文化创意产业发展过程中所积淀的产物,如老工业区、艺术老街和文化创意园区等,将历史遗产、传统与当代的需求结合起来,进行旅游产品的空间组织和艺术设计。厉无畏(2007)提出了"创意旅游"的概念,即运用创意产业的思维方式和发展模式来重新整合旅游资源,创新旅游产品,扩展旅游产业链、延伸空间链和秀出主题链的产业集合,并指出了传统旅游产业与创意旅游产业存在的不同(见表8-1)。

表 8-1 传统旅游与创意旅游的对比

维度	传统旅游产业	文化创意旅游产业
面向对象	团队为主；比较少旅游经历；偏向大众观光	散客为主；成熟而有多次旅游经验；追求深度旅游和个性旅游
产业导向	市场和资源为导向	引领市场和培育消费者为导向
产业竞争	价格竞争	创意竞争
旅游资源	有形的自然风光、历史人文古迹	有形或无形的社会文化资源
产业技术	技术门槛低，技术孤立	技术门槛高，旅游与技术深度整合化
产品特征	大众化	小众化
产业互动	互动少，单方面的观光	重视互动，旅游者、消费者体验丰富
产业目标	目标单一（经济目标）	多元目标（社会、经济、自然）
产业价值	相关产业增值	价值体系增值
产业管理	条块分割	模块化集成

以德国鲁尔区为例。德国鲁尔工业区有人口 750 万，是欧洲最大的工业区。鲁尔区过去是以煤钢产业为基础的重工业区，150 年来一直是德国经济的引擎。20 世纪六七十年代，随着科学技术的发展、产业结构的调整以及社会生活的变迁，鲁尔区的传统产业遇到了严峻的挑战，鲁尔工业区作为老城区发展面临严峻考验。德国人没有采取大拆大建的"除锈"行动，而是将这里大片的产业基地保存了下来。从 20 世纪 60 年代开始，鲁尔区开始进行产业结构调整，把旅游资源的开发目光投向那些工业化时代留下来的大批厂房、车间和机械构架等工业纪念遗址，发展以旅游业为主导的服务行业。政府投资鼓励当地大批工矿改造成文化活动场所，形成风格独特的工业化历史博物馆，以此带动旅游服务业。比如 1984 年埃森煤矿因入不敷出而被迫停产，北威州政府没有拆除占地广阔的厂房和设备，而是买下了全部的工矿设备，邀请世界各地的艺术家和建筑师对其进行改造。之后，被改造的埃森煤矿关税工业纪念遗址被联合国教科文组织（UNESCO）列入世界文化遗产保护名单。鲁尔区结构转型的经历是全球范围内的典范，对于中国众多在计划经济年代形成的老工业基地与改革开放后兴建的工业区转型和更新均有借鉴意义。

进入 21 世纪，中国发展文化创意产业不是对发达国家创意产业的简单模仿，

"文化创意+"产城融合发展

而应更符合中国当前的实际状况和发展需要。比如北京、上海、广州、深圳等城市，经济增长方式面临重大转型，依靠投资、制造业推动的经济增长已经很难支撑城市和区域的经济发展；大力发展高新技术，发展现代服务业，尤其是文化产业、文化创意产业，是在知识经济时代实现城市经济社会可持续发展的有效的选择。尤其是在老城改造中，产业的可持续再生可通过文化创意产业的植入实现产业的转型或重构，即在一定的文化背景下，通过创意重塑传统产业，以实现文化创意的产业化和产业的文化创意化以及价值增值。

二、产业空间再利用：旧厂改造与城市空间调整

除了产业结构的调整之外，老城区的产业空间或城市空间的再利用也是老城可持续再生的重要内容。产业空间是社会经济活动的空间，承载了要素、产品和产业等经济主体在空间上的活动，也是产业发展如组织、转型以及变迁等在空间上的反映。产业空间可持续再生的目标是实现城市的可持续发展，要实现这个目标，必须在社会、经济、环境上实现空间结构调整与产业调整的有机结合。

传统的产业空间再利用一般是将传统的产业空间（具有一定的历史及文化积累的建筑、建筑群、个性街区等）改造为现代的办公楼和高级公寓等，这种方式简单取代了传统的个性风貌，也使得人们对居住的城市丧失了认同感和归属感。而文化创意产业的发展有利于工业建筑、历史街区传统风貌乃至传统工艺的保护，可以最大限度地开发利用城市风貌保护建筑物，并实现风貌保护与经济发展的有机结合，有利于城市文化的延续，对于解决城市产业空间的再生过程中如何保护城市历史文化提供了很好的解决思路。在这方面，国内外很多案例提供了可供借鉴的经验。比如美国纽约曼哈顿的"苏荷"（SO-HO），现在是闻名于世的文化创意产业集聚地，但第二次世界大战前只是纽约的老工业区。二战后由于纽约制造业的衰退，"苏荷"地区闲置了许多厂房和仓库，一批艺术家将其稍加改造后作为创作、展示和经营文化的场所。随后，市政府将"苏荷"列为历史文化保护区，明确规划以艺术经营为主，"苏荷"重新走向繁荣。法国巴黎的奥赛博物馆被称为"欧洲最美的博物馆"，也是世界上旧建筑改建最成功的典范之一。奥赛博物馆原址为巴黎通往法国西南郊区的一个火车站。奥赛火车站建于1900年，1970年停止使用，面临被拆除的命运。在巴黎市民的要求下，1986年被改

第八章　老城可持续再生中的文化力量

建成奥赛博物馆，该馆展厅面积达4.5万平方米，收藏近代艺术品4700多件，包括绘画、雕塑、建筑设计、摄影、家具设计等，同时它也是世界上收藏印象派主要作品最多的地方，包括梵高、莫奈等的作品。在中国，上海的黄浦江和苏州河边的旧厂房、旧仓库里，北京的798艺术区和杭州大运河畔的LOFT49等，也进行过类似的改造。

文化创意产业的发展促使那些闲置的仓库、厂房被艺术家们充分利用，建筑在外观上保留原样，但建筑内部根据工作和生活需要，经艺术家运用现代艺术进行处理后，能为原有的城市景观增添新的内涵，从而塑造了新的产业空间。产业空间在老城改造中的再利用不仅包括特定产业空间（如老街区等）的变化，也包括由此产生的城市（老城区或旧城）的空间调整。

比如曼彻斯特作为英国工业发源地之一，在第二次世界大战结束后随着航运业和棉纺业等传统工业的式微，陷入严重的经济衰退。为了应对经济、社会、空间危机，曼彻斯特于20世纪80年代末期开始采取大规模的城市复兴战略。经过数十年持续的城市更新，今天的曼彻斯特已经不仅仅是英国西北区的中心，同时也跻身欧洲10个最有活力的商务中心和全球50个顶级会议中心行列，成为老工业基地或老城区转型在产业空间再利用方面的典型代表。

曼彻斯特市中心地区不仅是曼彻斯特的历史中心，也是曼彻斯特在工业革命时代辉煌的见证，是一个拥有着丰厚历史和文化内涵的地区。20世纪80年代，这一时期曼彻斯特面临的主要问题是工业衰退后城市中心地区土地和建筑废弃、人口减少、区内活力下降，因此政府决定通过设置强势的机构，以大型地产项目带动空间的更新转型。90年代，英国政府致力打造一个新的城市中心节点，以整合城市的商业、居住、文化娱乐等多种功能并赋予该区域新的生机和活力。规划的重点是恢复并强化城市零售中心的地位，形成一个具有多元化经济基础的中心地区，通过搬移部分建筑创造出新的城市空间轴线和节点。而在索尔福德码头，政府启动了洛瑞工程项目，该项目集合了购物、休闲、宾馆、餐饮和住宅等多项工程，奠定了该地区在发展商务办公和文化休闲方面的较强吸引力和发展优势。同时，滨水地区数码产业的发展为2000年以后曼彻斯特在文化创意产业和媒体产业的快速发展打下了基础。

经过10多年的开发建设，2000年以后，曼彻斯特市中心区的建设已经基本完备，开始向周边原本条件较差的地区拓展。这一时期，曼彻斯特地方政府以"创意产业之都"为目标,要求城市能提供一个有特色、有吸引力和高品质的中心网络,强化地域的识别性。中心地区被划分为多个特色子区域进行开发,不同城市子区域有着不同的功能侧重,意在强化一个多元复合、具有全球化吸引力的城市中心。比如索尔福德码头地区开始实施文化创意与媒体产业导向的发展转型,确定未来的发展定位——成为具有全球影响力的创新、创意中心,一座英国的媒体城。根据索尔福德码头发展规划,预计到2020年,这里将吸引高达15.9亿英镑的投资,其中约88%为私人投资。媒体城项目的实施将为索尔福德码头带来每年15亿英镑的产值,15500个就业岗位,70万平方米新建或翻新的办公、零售和住宅物业,以及可容纳多达1150个从事创意及相关业务的企业。

城市更新是一个复杂的系统工程,需要制定一个全面的执行框架,曼彻斯特可持续再生的创新核心在于摒弃了大项目导向的粗线条转型更新模式,通过持续渐进的方式,抓住战略性空间资源,对核心战略空间资源实施有机、高效的利用。在宏观的历史文脉格局上,从滨水码头岸线的基本形态到中心城区内街区的肌理结构,都得到了较好的保留,从改造后留存的空间肌理便可以直接体味出其历史变迁的过程;在微观层面,历史文脉体现在大量代表不同时代特征的建筑物和构筑物上,如桥梁、厂房、仓库、铁轨等,这些设施被赋予了全新功能之后,成为城市中重要的文化吸引点。

在中国城市现代化过程中,许多城市在快速发展的同时面临着产业空洞化、地域特色与传统的生活文化丧失等问题,城市景观也越来越单调、枯燥、乏味,城市面貌也日趋千城一面。可考虑通过文化创意产业重构城市功能以及城市内部空间结构,统筹产业、居住、文化与空间等城市发展的各方面要素,可以实现城市产业与空间的有机整合,从而实现老城区从传统工业区到后工业化的产业空间再利用,恢复城市的文化与经济活力。

在老城区传统产业内空间的再利用过程中,通过政府有意识的政策扶持促进招商引资,工厂出让或出租闲置厂房,其他市场主体引导进入开发环节,可以形成衰退空间的功能置换、第三产业的进驻以及人才和资金流的涌入。在此过程中,需要明确政府与市场的利益分配机制,寻求长期运营中的营利性与文化公益性的平衡,只有成功的运营才能促进长周期的改造项目的推行。

在经历了城市重建、城市再开发、城市更新、城市振兴和城市再生等模式探索后,中国旧城改造更新的历程中,愈加重视到"文化"的力量。在历史城区的可持续再生过程中，文化的情感价值推动着街区形象的提升，也迎合了文化创意产业的区位偏好，为知识转化提供了隐性知识的积累。历史街区的可持续再生应当着眼于知识转化的"场"，营造多尺度的文化交往空间，为隐性知识的外显化营造空间交往基础和产业的培育，进而形成良性的循环。在一些老工业城市的更新历程中，产业的转型和重构，以及产业空间的再利用是不可回避的城市更新议题。在重振老城传统产业的过程中，可以通过文化和创意的链接来挖掘城市文化的积淀，形成创意旅游的服务氛围或知识经济的创新氛围，从而带动传统产业焕发生机。

第九章 公共空间与文化创意产业结合产生"溢价"

徐文俊
武汉大学城市设计学院建筑学硕士研究生

第一节　中国城市发展进程

一、中国城市化进程的现状

十一届三中全会以来，伴随着党的十四大提出了社会主义市场经济体制的总目标，城市与城镇作为区域经济、社会、文化的中心，取得了深入可持续的发展。城市化进程的脚步不断推进，取得了瞩目的成就，城乡收入差距不断缩小，地区发展趋于协调。产业结构在发展中不断优化升级，一批又一批的人口从农村向城市与城镇集中，由第一产业向第二产业、第三产业发展，涌现了许多中国城镇化发展的典型模式，如"苏南模式""温州模式""成都模式"等。尤其是进入2011年以后，根据国家统计局和中国指数研究院的数据，中国城市化水平已经达到51.27%，[①] 取得了里程碑式的成绩，标志着中国的城市化发展进入了新的历史阶段。从2011年至2017年年底，伴随着"十二五"规划的结束，"十三五"规划的开局以及中央城镇化工作会议的召开，中国城市化各方面稳步发展前进，城市化率于2017年年底上升至58.52%。在人口快速增长的今天，城市化建设中的诸多方面都取得了卓越成效，但与此同时，一些问题也随之产生。相关软件建设远远没有跟上时代社会和人民生活的需要，导致中国城市化进程中出现了一些"城市问题"，影响了城市化的健康发展。

二、中国城市发展的问题

近年来，城市化的快速发展给中国许多城市的发展带来了难得的历史机遇，

[①] 根据国家统计局公布的《2011年12月全年主要数据统计表》总结归纳出。

一栋栋高楼如雨后春笋般拔地而起,城市面貌焕然一新。与此同时,成千上万的农民走进城市,成为梦寐以求的"城里人"。然而,全球化的时代背景与中国城市化进程的同步进行,以及中国城市物质空间与人类社会存在的诸多矛盾导致了城市化发展进程中出现了一系列问题,面临着种种障碍,主要体现在对于城市化大面积扩张的制约与居民生活品质提升的压力逐渐凸显。现阶段,地方政府注重城市规模的扩张和增长,实际规划建设过程中,往往没有从实际出发,具有一定的盲目性和自发性。加之一些客观实际制约着城市化发展,由此造成了许多社会问题,而这与城市化的初衷背道而驰,主要体现在区域城市化发展水平不协调、城市化与经济发展不协调、政府主导的城市化进程削弱了市场的作用、城市化对于环境污染防治造成了消极影响、城市化进程的过度发展使城市缺少文化内涵与历史魅力,城市化进程中产生了许多城市闲置空间,造成了资源浪费。著名学者张在元先生曾经说过:"当前中国城市建筑另一个突出的问题是:忽视城市生存品质,忽视城市文化内涵和历史魅力,只见建筑,不见城市。"[1] 城市是不同时代建筑的结合,城市是由故事组成的。没有保留历史痕迹的、单调的繁华都市形态给人的感觉是"失忆"。诸多的例子恰恰说明了这点,如"鬼城"康巴什新区、城市空心化、城市文化缺失现象时有报道。因此,总结城市化发展过程中存在的不足与问题并找到相应的解决策略与发展方向,对于中国城市化发展具有重要的积极意义。

---

[1] 2005年5月27日在武汉大学人文馆举行的"五月城市设计论坛"上,国际建筑大师张在元先生对中国目前城市建设存在的问题提出了尖锐批评。

第二节　中国城市化进程中的文化与空间问题

一、文化之于城市的意义

一个完整的城市需要软件和硬件两个组成部分，城市的发展不仅需要建筑、广场、写字楼等硬件设施的增长，还要有以文化为根本、科技为依托、思想为动力的"软实力"的全面提升。文化因素对于城市发展具有积极深远的影响，城市的发展不仅受到经济、科技的制约，也同样受到来自文化的制约。一味地追求大拆大建、城市形象、经济增速，而忽略城市文化内涵的提升，只会造成"鬼城""睡城"等现象频现。

当今时代，全球化已经成了世界性的潮流与趋势，而中国的发展也有目共睹。据专家计算，到2020年，中国城市化率将达到60%，形成从沿海到内地的现代化城市布局。而将城市化率从30%提高到60%这一发展阶段，英国用了180年，美国用了90年，日本用了60年左右，中国则仅仅用了30年左右。显而易见，速度惊人的建设成果犹如双刃剑，在取得发展成效的同时，也引发了诸多城市规划、经济、文化、社会、生态方面的问题，城市形象千篇一律，规划"同质化"严重，缺乏人文特色与人文精神，市民的责任感日渐降低，城市生态脆弱，城市文化缺失和文化碎片化现象日益严重。

二、中国城市化进程中的城市文化危机

（一）"造城运动"致使城市文化积累薄弱

在城市建设发展过程中，一些地方政府对城市化理解片面，认为城市化就是城市规模的扩张，所谓国际性城市就是规模大、占地面积广。在这种思想的主导下，一些城市管理者利用CBD、香港城、步行街等新概念，挖空心思使地价上升，然后鼓励地产开发，大幅度扩充城市用地，大面积增加建设用地，导致出现中华人民共和国成

立以来规模空前的"圈地运动""造城运动"。一栋栋高楼拔地而起，一条条商业步行街如雨后春笋般涌现，然而城市文化并没有同步快速发展起来，因为文化的形成需要历史沉淀，文化发展也非一朝一夕之功。从本质上讲，城市是满足人类生存发展需要的场所，而人类的需要既有物质需要，也有精神文化需求。因此，在建设城市硬件的同时，我们需要同时丰富发展城市的文化内涵，为居民提供满足精神需求的文化场所。

（二）城市化进程中的城市文化遗产破坏现象

当前中国社会的转型与城市化同步快速前行，中国的优秀传统文化和现代人类文明的矛盾日趋凸显。当今中国处于快速的发展中，经济、社会的快速发展必然带来思想观念的碰撞，对传统与现代关系的不当处理成为旧城改造中破坏城市文化遗产的思想根源。在保护文化遗产和创造展示现代文明之间找到一个恰当的平衡点，是城市经营管理者在旧城改造中无法回避的问题。然而在中国许多城市的建设中，我们可以看到大量以大拆大建为特征的政绩工程、形象工程，这些建设破坏了传统文化与现代文明共生互惠的关系，对于城市深厚的文化积淀产生了消极的影响，给城市文化遗产带来了不可估量的损失。

（三）"千城一面"：城市面貌的趋同

在全球化的发展背景下，城市的面貌和生活方式的"同质化"在今天尤为严重，文化在全球范围内面临着特色危机。为此，人们呼吁城市文化特色的重塑与传承，全球化是把双刃剑，在学习、汲取国际先进文化的同时，我们应同时发扬和传承具有民族特征和传统的宝贵历史文化。在西方主导文化的背景下，经济全球化的过程，其实也是思想、文化全球化的过程。城市文化建设也不例外，在全球化的背景下，城市建设从街区的取名到建筑风格的设计均以西方为效仿对象，欧洲柱子、维多利亚港、哥特式的建筑等，在中国城市随处可见，漫步中国城市街道仿佛置身异国他乡。其实，城市面貌根植于历史传统与地域特点，是城市物质生活、文化传统、地理环境等多因素结合的产物，城市应具有自身的个性和特色。

三、中国城市化进程中的城市消极空间

在城市飞速发展的进程中，城市建设从主客观方面都造成了很多消极空

间与较低的利用率空间的出现。《外部空间设计》是日本建筑设计大师芦原义信的著作，其中提到："建筑空间可分为从周围边框向内收敛的空间和以中央为核心向外扩散的空间。对某对象 A，把包围它的空间 B 作为充实内容考虑时，B 对 A 可认为是积极的，这里称 B 为对 A 的积极空间。而当考虑包围对象 A 的空间是自然的非人工意图空间时，B 对 A 可以认为是消极的，称 B 为对 A 的消极空间。"

当今社会，城市发展速度突飞猛进，城市发展进入了信息化时代，城市空间的形态结构、肌理发生了巨大的变化，由传统走向现代。以往带有传统文化特色的通过四周建筑围合的广场街道已经难以寻觅，现代城市的面貌则是充斥着钢筋混凝土的大型商业高层建筑和新建的玻璃幕墙写字楼，在这些新建筑的周围，存在着众多的无组织、无利用、无流动的消极空间。

除此之外，伴随着城市交通网络的发展，交通运输方式、运输工具、运输模式也在全球化、城市化的进程中发生了重大变革。在这种大背景下，城市由于建设、交通、组织的原因，产生了众多的低利用率与低占有率空间，具体分类如下：

（1）城市闲置桥下空间（高架桥、轻轨下空间）。

（2）城市的公共交通空间（部分地下交通空间、停车场）。

（3）城市中由于历史、年代原因闲置的传统街区。

闲置空间往往由于其所在区位、周边设施、可达性不便等原因疏于管理与利用，缺少激发其内在活力的有效措施，造成了城市空间的严重浪费。低利用率空间往往是城市中的预留空间，占用率和使用率相对较低。这些空间平时兼具尺度性、精神性和新型文化倾向且供人们参与的宽阔场所，相对较长的时间内不发生广泛效用，但在高峰期能够进行惰性空间分配，具有高效用的时效性，起到增大城市空间承载力、增强城市空间弹性的作用。但在实际操作中，由于缺少具有吸引居民的特色文化内容，往往得不到居民的使用，闲置现象严重。城市空间问题主要集中在建筑空间拥挤、闲置空间较多、空间创新缺失、文化氛围弱和可变性差等方面。

事实上，城市闲置空间与低利用率空间在美学价值、社会价值、历史价值、发展价值、象征价值、文化价值等方面都具有重要的积极内涵与意义，我们应通过适当的手段挖掘、激发类似空间的活力，增加城市的内在创新动力与空间利用率，从而为市民营造更加丰富多元的城市生活环境。

第三节　文化创意在城市发展中的作用

一、文化创意的含义与意义

根据网络释义，文化创意是以文化为元素，融合多元文化、整理相关学科、利用不同载体构建的再造与创新的文化现象。文化创意产业是指依靠创意人的智慧、技能和天赋，借助于高科技对文化资源进行创造与提升，通过知识产权的开发和运用，产生出高附加值产品，具有创造财富和就业潜力的产业。

实际上，文化创意的核心就是"创造力"。也就是说，文化创意的核心其实就在于人的创造力以及最大限度地发挥人的创造力。"创意"是产生新事物的能力，这些创意必须是独特的、原创的以及有意义的。"创意"或者"创造力"包括两个方面：第一是"原创"，这个东西是前人和其他人没有的，完全是自己首创的，比如京剧、昆曲、武术就属于中国原创；第二就是"创新"，它的意义在于虽然这个东西是别人首先创造的，但通过将它进一步改造，形成一个新的东西，就可以给人新的感觉。

文化创意自英国首倡，其后许多国家和地区也纷纷提出相关概念，主要包括版权产业、文化产业、休闲产业、体验经济、注意力经济等概念。世界主要国家和地区对创意产业的理解分为三种：以美国为代表的"版权型"，以英国为代表的"创意型"，以及以中、韩为代表的"文化型"。中国对文化创意产业的形态和业态进行了界定，明确提出了国家发展文化创意产业的主要任务，标志着中国已经将文化创意产业放在文化创新的高度进行了整体布局。

二、文化创意对于城市发展的作用

近年来，随着文化创意在政府以及社会中热度的不断提升，城市发展在经济、文化、旅游等各个方面都对文化创意进行了一系列的解读与探索，积极寻找将文化创意与"互联网+""共享经济+"等深度结合开展的办法，并取得了一定的成效。国家与地方相继出台文件推进文化创意和设计服务与相关产业融合发展，为文化创意的发展提供了宝贵的大环境。

文化创意作为驱动城市转型发展的一种动力，在国外一些国际性大都市、区域性大都市以及后工业化城市的转型发展过程中被广泛地加以运用，如世界城市纽约、伦敦、东京，区域性大都市洛杉矶、旧金山、布宜诺斯艾利斯、新加坡、神户，以及中小规模的后工业化城市西班牙毕尔巴鄂、法国南都、英国伯明翰、格拉斯哥等。从这些城市以文化创意推动城市转型发展的历程来看，一般从空间设施建设、文化创意产业集聚发展、历史文化资源开发利用以及文化创意生态环境营造四种途径寻找突破口，这四种途径也可以说是形成了四种模式。从文化本身的特性以及文化经济学的角度加以观察，文化创意驱动城市转型发展的作用机制有六种，即创造性、融合、美化、个性化、多样化及社会化机制。

第四节 文化创意与城市空间结合发展

一、文化创意与城市空间的相关性

文化创意的过程就是群众带有目的性地通过相应的方式或者手段使得文化得到创新性传播和推广发展的过程。文化创意的过程是人类在一定的目的指导下，借助于一定的方式和手段实现文化创新性延续发展的过程。因此，在文化创意发展的整个发展过程中，需要以城市空间场所为舞台、以经济投资为基础、以科学技术为支撑、以人才为力量、以市场需求为动力深度融合发展。

同样，城市空间在城市化的进程中同样需要新的模式来刺激其内在活力。传统的城市空间处理办法已经无法适应当下的城市发展需求，尤其是居民在精神层面的需求日益扩大。在2017年党的十九大报告中，有对于中国社会主要矛盾已经转向了人民日益增长的美好生活需要和不平衡不充分的发展之间的矛盾的论述。因此，城市空间，尤其是城市的闲置空间与低利用率空间，更加需要运用当下的新技术、新手段，通过新媒介，结合新的时代产物，创造新的文化价值，刺激和丰富人民的精神生活，提升空间品质与内涵，使得空间产生超出其自身使用价值之外的"溢价"效应。

二、文化创意与城市空间结合的方法与案例

城市中的空间类型众多，主要针对城市中闲置率较高与使用率较低的空间进行解析，以文化创意为依托，结合国内外优秀设计案例，论述文化创意与城市空间通过有效的多元结合，充分融合发展的示例。按空间类型主要分

"文化创意+"产城融合发展

为城市闲置桥下空间（高架桥、轻轨下空间）、城市的公共交通空间（部分地下交通空间、停车场），以及城市中由于历史、年代原因闲置的传统街区、厂房等。

（一）城市闲置桥下空间（高架桥、轻轨下空间）

高架桥一般是指建设于陆地之上的城市道路、公路、铁路等交通设施，是为解决道路交通的干扰，提高通行能力而在陆地上将道路高举架设到空中的做法，有时甚至还包括高架的水槽桥梁。由于该类桥梁立足于"地"而非"水"，其行经的土地就因桥下净空、桥墩密度、桥身横空、桥阴等的制约条件而给桥梁下部空间及土地的利用带来一定的限制。如桥梁净空会影响其下车辆通行与驻留的种类；桥墩及其保护范围会占用一定的土地并限制其上土地的扰动式利用；桥墩密度会对通行于其下的野生动物产生一定"胁迫"；大尺度的桥体会影响城市街景的传统体验；桥阴会改变土地的光环境并影响其上植物的光合效率；桥梁覆盖会导致其下土地的温、湿度等植物生长立地条件的改变等。但不能因桥下空间的种种局限而放弃其利用价值。

我国城市高架桥下空间被利用的大约有六成（如武汉城区为63.3%），其中较为常见的利用模式有：①桥下空间绿化或设置游园的绿地利用模式；②作为道路或停车场地的交通利用模式；③桥下围合封闭成为门面或商场的商业利用模式；④保护下部土地连续、水系连通、生物迁徙路径的生态利用模式等。其他还有市政设施利用、消防利用甚至居住利用等较为少见的方式。

如今，桥下闲置空间结合地方传统打造文化创意品牌的做法已经在多国得到实践，并取得了良好的效果。

1. 高架桥下的空间开发——"Aki-Oka Street"项目

为了迎接2020年的东京奥运会，日本政府出于国家形象层面的考虑，对于许多车站的外观进行了改造与美化，御徒町车站是其中结合文化创意并取得一定成效的典型案例。从车站检票口出来向左走，会发现墙上多了一个大型展板，宣传当地推出的御徒町"城市漫步BOX"活动，展板下放满了活动宣传册，结合"Aki-Marche"联合周年庆祝活动。一个活动是庆祝三周年的mAAch ecute，它位于秋叶原车站附近，是由历史建筑改造而成的商业街区；另一个活动是庆祝开业五周年的文化创意主题商业街区"2K540（Aki-Oka

Artisan)"。两者最大的共同点是，都位于电车所经过的高架桥下，是大部分城市所苦恼的棘手空间。

在众多都市高架桥下空间开发的项目中，有许多项目已经甚至成为经典的消费或旅游目的地，如御徒町与上野站之间的"Ame 横丁"。而对于大部分中小型车站周边区域来说，与铁道线路垂直方向的空间往往要比铁道沿线活跃得多。因此，铁路沿线之间的高架桥常常成为毫无人气的商业灰空间。"Aki-Oka Street"项目正是希望能够通过结合周边文化创意创造新的人气磁极，用以活化激活这些闲置空间。项目的主要特点是坚持当地文化，让游客、居民可以以不同的方式感受日本地方的传统文化与物产，以此提升城市土地与不动产的商业价值以及进行文化推广宣传。

2. 国内的积极探索

2017 年，广东省广州市积极探索桥下空间的利用可能，南都都市报的记者通过实地走访了解了天河区多处桥下空间，发现桥下空间目前已存在休闲空间、市政办公、公交车站等多种功能，但部分桥下空间仍有待开发和利用。11 月初，广州市天河区住建局就天河区核心片区 58 座市政桥梁的桥下空间利用征集公众意见，优秀设计方案将获万元奖励，奖金总额超过 10 万元人民币。桥下空间的现状引起了公众的关注。征集活动启动以来，共收到了超过 300 份意见，当中有普通市民的声音，有专业的设计师的建议，也有社会学者的意见。公众普遍认为个性化改造应当因地制宜，结合文创产业空间对桥下空间进行综合利用，还空间于民。

杭州市萧山所前镇祥里王村的"高架公园"于 2017 年下半年全面开放。这个在夹缝中"成长"起来的"高架公园"，隐藏在杭金衢高速公路延伸段下，面积达到 6000 多平方米。桥下空间被分成八大区域，从南到北依次为停车场、老年排舞广场、儿童游乐园、健康器材场地、乒乓球场地、羽毛球场地等。有效利用高架桥下空地，满足了村民的文化娱乐需求。

此外，杭州市萧山区政府还与浙江铁路发展集团注册成立合资公司，将位于新塘街道南秀路以北、道源路以南，总面积超 5 万平方米的"新塘高铁公园"项目建设完成。该公园充分利用了桥下空间，融合健身运动、休闲交流、铁路文化展示等功能于一体。

可以看出，对于桥下闲置空间的探索已经取得了一定的成效。将桥下空间与文化创意相结合，可以充分发挥两者的互补性，文化创意以闲置空间为依托，闲置空间以文化创意为抓手，能够有效丰富居民的精神生活。

（二）城市的公共交通空间（部分地下交通空间、停车场）

随着社会的不断发展，城市的不断扩张、地铁的出现解决了市民出行的困难，各个大都市的地铁站也成了城市人群流通、聚集的重要空间，担负着城市交通运输的重要功能。对于这样一个巨大的地下人流空间，可以进行充分利用，营造优美畅快的文化生态环境，同时更要强化城市文化和精神。

在英国，悠久的地铁历史使得地铁站已充分融入当地居民的生活中。每个站台几乎不一样的风格，体现着英伦文化的特色，站台上巨幅的招贴画中包含有丰富的英国文化元素（见图9-1）。

图9-1　英国地铁文化符号

中国广州市在地铁空间结合文化创意方面也取得了很好的效果。广州地铁四号线南沙客运港站的内部空间极具视觉冲击力。作为海上丝绸之路的起点，全站以"一带一路"为主线，全面融入海洋、宝船、海鸥等文化元素，重现了广州海上丝绸之路的历史盛景，实现了整个车站的文化升级。另外，地铁公司还选取南海神庙站、广州北站和知识城站等车站，打造为岭南文化主题站，再现醒狮、山水石、汉字等岭南文化的传统韵味（见图9-2）。游客与居民穿梭其中，在出行的同时领略了广州地方文化结合新时代发展的深远内涵和积极意义。地铁空间经过文化创意的装饰后，产生了"溢价"效应。

图9-2 广州地铁文化符号

在各个城市，类似这样的空间还有很多。对于地铁站、停车场等空间，应充分结合当地文化历史特色，在地性地表述传统文化内涵，表达的形式一定要符合地铁站人群流通快速、短暂的状态，文化创意的表现内容和形式应当清晰、明朗、直观性强，思考性单纯，使人看在眼中、思在心中。

（三）城市中由于历史、年代原因闲置的传统街区、厂房

在快速城市化进程中，许多城市都积累了一定的"城市病"，如生态修复方面的城市河流需要治理，城市修补方面的老旧小区需要整治提升等。近年来，为解决这些问题，许多城市在城市生态修复、修补方面不断展开工作，都取得了较为明显的实绩。其中，将传统历史街区、厂房与文化创意产业相结合，打造文化创意艺术街区，并通过多元化的宣传、营销、教育手段使其成为开放的、国际化的、多元的、年轻人喜欢聚集的城市新空间的举措取得了积极影响。

在北京、重庆、武汉、上海、南京、合肥等地，众多老旧工业厂房、街区结合当下创新的文化宣传、创意设计等手段，在挖掘地区文化内在潜力方面取得了卓越的成效。以往建筑外貌老旧、可达性差、破败不堪的街区，通过文化创意的方式获得了新的活力，不仅可以吸引年轻人参观游览，还可以促进交流。

例如"汉阳造"艺术区，又名"824创意工厂"，地处武汉龟山脚下。艺术区所用的废弃工业厂房原为中国洋务运动时期张之洞主持创办的汉阳兵工厂和824工厂的一部分（见图9-3）。现在的汉阳造已经成了一个艺术区，是武汉的艺术名片之一。艺术区占地100多亩，建筑面积达40000平方米，绿化面积占园区面积的60%，园区厂房可以改造为艺术家工作室；画廊、艺术中心；书店、

艺术用品商店；设计工作室；音乐、演艺、摄影工作室；时尚服装店、饰品店；艺术家居；时尚高端品牌办公基地；广告装饰公司办公加工基地；特色餐饮酒吧；私密会所等。

图 9-3 武汉"汉阳造"艺术区

"汉阳造"代表着中国的"工业革命"，代表着中华民族的觉醒。而中国的崛起需要经济复兴，更需要"文艺复兴"。"汉阳造"艺术区有望借"汉阳造"之名，为中国中部的文化艺术发展点燃薪火。

文化创意赋予了传统历史街区新的历史活力，使过去无人问津的老旧工业厂房、老旧社区在全球化的文化冲击下焕发新的活力，不仅起到聚集人才、吸引游客的作用，还能为不同文化的交融、进步提供恰当的舞台，在城市发展过程中发挥超出其自身的价值。

通过案例可以看出，许多城市正吸收、借鉴国外的优秀案例，结合自身需求，因地制宜地开展对于文创空间的积极探索，并取得了一定的成效。由于城市化进程中形成的公共空间、闲置空间、低利用率空间数不胜数，在新的历史阶段，城市规划正渐渐由增量规划向存量规划转变，市民们不再需要一栋栋拔地而起的高楼大厦，取而代之的是一个个文化公园、一座座文化站台，以及其他可以丰富其精神生活的城市场所。文化创意作为新事物，将从不同方面，结合城市空间，通过不同渠道、运用不同模式、依托不同媒体走进居民的生活。

第五节 文化创意与城市空间结合的积极意义

一、对于国家的积极意义

"提高国家文化软实力,关系'两个一百年'奋斗目标和中华民族伟大复兴中国梦的实现。……中国梦意味着中国人民和中华民族的价值体认和价值追求,意味着全面建成小康社会、实现中华民族伟大复兴,意味着每一个人都能在为中国梦的奋斗中实现自己的梦想,意味着中华民族团结奋斗的最大公约数,意味着中华民族为人类和平与发展做出更大贡献的真诚意愿。"这是习近平总书记2013年12月30日,在中共中央政治局第十二次集体学习时的重要讲话。如今,国家、地区之间不再局限于科学技术、经济水平之间的竞争,文化软实力的竞争已经成为大国之间博弈的重要舞台。要想努力提高国际话语权,使中华民族屹立于世界民族之林,就需要提高国家文化软实力,这需要每一个公民的积极参与、积极学习、积极分享、积极交流,而学习的场所正是城市在发展的过程中为居民创造的。将地方传统优秀文化、民族优秀文化、中国精神与城市公共空间相结合,营造城市文创场所,将发挥重要的作用。

二、对于城市的积极意义

(一)对于城市空间

文化创意与城市公共空间、闲置空间相结合,使城市在其发展进程中可以根据自身建设情况不断完善软件设施。城市消极空间的存在,既是城市空间发展的遗留问题,又是城市发展更新的契机。消极空间的积极转化,不仅仅是城市空间形态的有益补充,而且可以创造出承载国家、民族、当地优秀文化的创新城市文化场所，同时也反映着一个城市不断进取的文明程度。通过与文创的结合，城市闲置公共空间能够妥善处理好与城市交通、城市建筑、城市功能等多要素之间的关系，也可以将艺术人文和城市空间充分融合。在具体的空间设计实践中，应合理选址，充分融入地方文化和场所感，复兴城市活力，再造公共生活；在空间与文创结合的过程中，应不拘泥于纯粹的空间形式，进而缔造可持续发展的、有意义的城市空间，使城市公共空间突破其自身固有的价值，使文化价值成为其"空间溢价"的重要成分。

（二）对于城市发展

如今，城市发展需要吸引人才，而有研究表明，城市空间具有创新性、多样性和宽容性的场所对于人才的吸引具有得天独厚的优势。在充满文创氛围的城市工作和学习，能够有效激发人的创造力。一个将城市公共空间与优秀传统文化相结合的城市，人们每天在工作、学习、生活的途中可以感受到来自当地文化的熏陶，在上班、等车、散步途中都能学习与吸收城市文化，则人的潜在创造性将更容易被激发，城市对创意人才也更加具有吸引力。因此，将城市公共空间与文化相结合，营造能够吸引创意人才集聚并激发城市居民创造力的文化创意生态环境，成为城市转型发展的途径之一。

三、文化创意与城市空间结合产生的"齿轮效应"

通过对于城市空间活力的再造，将文化植入空间内涵，丰富居民在城市公共空间中的体验，将使得每一个城市公共文化空间成为一个齿轮。不同城市公共空间在城市范围内相互串联、相互影响，彼此共同协作，而城市居民正是带动"齿轮"运转的动力。人流穿梭于城市的空间中，通过沟通交流、工作学习，将城市文化传播给每一位市民。城市公共文化创意空间将成为城市文化软实力提升的重要媒介，而城市公共文创空间集群正是驱动城市文化建设的重要载体，文创结合城市公共空间的做法，将成为推进城市文化建设，继而带动城市经济和社会发展的重要推手。

第十章 文化创意促进特色小镇产城"无界"融合

张佳雯

北京悦知川城乡规划有限公司总规划师、注册城乡规划师

第一节 文创产业促进特色小镇产城融合的特性研究

特色小镇是我国小城镇发展的升级版,是新型城镇化发展的重要抓手,在新型城乡结构中占据着承上启下的重要地位。特色小镇发展的核心不同于全产业体系的城市,也不同于以农为主的乡村,而是聚焦于特色产业,"以产立镇、以产带镇、以产兴镇"。在2016年2月国务院印发的《关于深入推进新型城镇化建设的若干意见》中要求,"发展具有特色优势的休闲旅游、商贸物流、信息产业、先进制造、民俗文化传承、科技教育等魅力小镇"。在国家推荐的特色产业选择中,文创产业几占半壁江山,而先进制造、科技教育等产业也与创意创新有着密切联系。

伴随着信息时代和知识经济时代的到来,文化与科技作为一种新资源日益融入传统产业中,成为城市经济社会发展的主要驱动力之一。文创产业兼具生产型产业及消费型产业的双重功能,具有高黏性、高附加性、延续性、先进性等特征,这些特征使得产城融合已成为文创产业与特色小镇建设互动发展的一种内在需求。

一、高黏性促使功能融合

"文化创意产业是知识经济中对知识、技术、文化集成度最高的产业形态,是城市转型发展的重要创新驱动力"。[1] 文创产业是一种高黏性的产业,具有很强的聚集性和向心性,这种黏性依托于某一文化创意的细分主题,体现在多元业态的主题

---

[1] 周蜀秦,李程骅.文化创意产业促进城市转型的机制与战略路径[J].江海学刊,2013(6).

性创新当中，呈现出的是内涵统一而形式各异的产品或场景。对于特色小镇来说，特色产业的集群效应极其重要，这个集群不仅是同行业的，更包括行业之间、行业上下游有关联的、存在细密分工与合作的，以及服务于特色产业的相关行业。通过集群效应，特色小镇的发展方向、区域功能会更加明确，人口凝聚力会更加强大，小镇会因人的聚集而持续发展。

成都安仁是国内首屈一指的博物馆小镇，聚集着 27 座老公馆、35 座现代博物馆（展示馆）、16 处文保单位，并汇集了本土草编、染布、木艺、面人、酿酒等各类民间手工艺人。安仁通过博物馆的静态陈列、民间手工艺的活态展示及汲取本土文化创意创新出多种业态和产品，成了当地最大的文创基地，同时也成了成都周边重要的旅游目的地。据统计，安仁自建设博物馆小镇以来，每年游客量和国内旅游收入均呈 2 位数增长，预计建设完成后，这座小镇年游客接待量将达 300 万人次，过夜游客 50 万以上，新增城镇人口 2 万，相当于吸引了现有城镇人口 30% 的增加量来此工作居住。[1] 在博物馆主题的基础上，安仁通过文创产业的高效高质聚集形成了小镇的核心竞争力，完成了小镇对城市的"反磁力"吸引，也印证了文创产业因其强大的产业黏性具备了集群效应，能够成为特色小镇转型发展的创新驱动力，符合作为特色产业的要求与小镇建设联动发展，并成为小镇的功能和定位，完成产镇功能融合。

二、高附加性激发要素融合

近年来，随着文化大繁荣、大发展的政策落地，"产业创意化"的理念令各类产业发展更加多元和细分。同时，文创产业也从最初的九大类别扩展到更多的产业中去，呈现出更加专业化、精细化、多元性、混合性、互融性的产业"无边界"发展趋势。在特色小镇中，文化创意在农业、交通、餐饮、地产、高端制造、旅游接待、商业服务、产品研发、品牌塑造与营销等领域中的高附加值越发显现，信息技术的飞速发展更加助力"文创+"的无界融合。"文创+"让特色小镇主题更加鲜明、产业更加凝聚、文化更加活化、服务更加人性、景观更加精致、生活更加美好。

特色小镇因其上承城市下连乡村的生态定位，使得其产业结构除了以特色产业

---

[1] 数据来源：中国博物馆小镇 https://www.anrentown.com/impression。

为核心外，还必须注重农业基础和以旅游为主的服务业配套等要素。如果说特色产业是特色小镇发展的龙头，主要承担特色小镇的生产功能，那么高科技的生态休闲农业、高品质的现代服务业就是特色小镇的双翼。前者让特色小镇依托生态田园的基底而具有不同于城市的独特魅力，代表了特色小镇的生态要求；后者让小镇生活更加便利，更加符合高端人才对品质生活的诉求，承载了特色小镇的生活方式。三者的要素融合体现出特色小镇"宜居宜业宜游协同、生产生活生态一体"的发展特性，文创的加成作用使得各类产业事业、各项社会经济要素和谐地融合与协作。要素融合体现了特色小镇与产业园区的根本区别。虽然二者都是以特色产业为核心，但前者是更为完整的社会体系，强调以人为本，满足人在工作、居住、消费等各方面的诉求；而后者着重于经济生产，生活要素相对缺乏，功能较为单一。

三、延续性助力空间融合

从城市空间演化角度来说，新空间形态的出现通常源自于本地内生需求，而文创产业的发展也根植于对原有形态的继承与延续。杭州云栖小镇是特色小镇浙江模式的代表，其最初的空间形态就源自于本地经济社会结构变化的内在诉求。阿里巴巴公司在美国成功上市后，阿里巴巴团队有近千人成为千万富翁，其中700多人选择自主创业。为了留住这些高端人才，主管单位配合企业在阿里巴巴总部周边增加了居住、服务设施、文化设施等配套，以高品质的人文空间环境满足高端人群的生活要求，完成了区域从传统工业园区到特色小镇的转型提升，实现了产城空间从"有界"到"无界"的融合发展。而贵州的旧州镇、青岩镇更是在原有古镇空间的基础上延续了历史文脉，通过坚持生态保育、积极发展文旅产业并辐射周边、完善基础设施和服务配套、探索创新发展机制等措施开创了现在被全国学习的特色小镇发展模式。

特色小镇是一种具有中国特色的、自下而上的城镇空间发展产物，在新型城镇化的关键转型期，由东部发达地区和西部相对落后地区通过不同路径经由实践创新出来的一种共同结果。无论是与行政区划相脱离的"非镇非区"的浙江模式，还是依托于小城镇行政区划"蒸小笼、串珍珠"的贵州模式，特色小镇都不是凭空而起的。在有限的小镇空间内凝聚起新的发展动力，严格保护农村用地、高效集约地利用建设用地，在原有的功能区、开发区、居住区通过特色产业的植入完成去库存的任务是特色小镇必须直面的问题。作为特色小镇的先行者，浙江及贵州都选择了文创产业（云栖小镇的云计算产业和贵州旧州、青岩的文旅产业），这与文创产业的延续性有助于打破用地壁垒、打破空间界限、延续小镇文脉、优化小镇景观、增添小镇魅力等特点是息息相关的。

四、先进性确保路径融合

传统的城镇发展模式是站在生产的角度，通过土地、劳动力、资金和管理效率等要素来驱动城市发展。但随着知识经济时代的来临和信息技术的巨大变革，传统的资源观被颠覆，全球化使得土地、劳动力等资源已失去城市发展决定性因素的地位，城镇发展形态也由单纯的"生产为王"转向"生产、消费"双轮驱动的方向，甚至出现一些高度发达的城市基本转向由消费带动可持续发展。我国的供给侧改革从顶层设计层面明确了这一发展路径，从城镇发展的角度通俗解读就是"不再是城市有什么就发展什么，而是要考虑人民要什么样的城市经济社会环境我们就建设什么"。新型城镇化是供给侧改革的重要实践，特色小镇是新型城镇化的重要抓手，它的发展路径必须体现先进的城镇发展观念，必须同时考虑"有什么"和"要什么"，并且主要考虑"要什么"。

与此契合的是，文创产业的资源观也是先进的，是无形的知识、文化、技术、信息等。同时，文创产业也具备生产、消费双重属性，甚至在广播影视、动漫、音像、文化旅游和互联网产品等领域基本属于消费型产业。这样的产业大多属于城市附加产业，既可以依托于大城市之下成为一个相对的特色功能单元（浙江模式），也可以超脱于大城市之外，选择条件优越的小城镇作为特色产业（贵州模式）。必须指出的是，特色小镇的建设者和文创产业的生产者是人，特色小镇"要什么"和文创产业消费的主体是人。可以说，文创产业的先进性与特色小镇的发展路径是匹配且相互融合的，而二者融合发展的关键点就在于以人为本。换句话说，就是要通过人的知识与创造撬动小镇经济发展，要依据人的需求提供便利设施和美好生活。

第二节　文创产业促进特色小镇产城融合的具体要求

文创产业是不断更新的，特色小镇也是动态发展的，二者的融合更是因具体内容的不同体现出各种分化的、复杂的演化过程。根据美国霍兰教授提出的复杂适应理论，可以提炼出以下三点适应性原则来指导和检验文创产业与特色小镇建设同步耦合并互为因果的复杂关系。

一、全人群覆盖

特色小镇作为一个相对独立完善的社会系统，核心理念是"以人为本"。具体分析特色小镇中的主体人群类型，基本可以分为原住民、新移民及游客。其类型特征基本如下。

一是特色小镇镇区常住人口规模不大，人口结构现状以原住民为主，老人和儿童所占比例略高于平均水平。以前两批国家级特色小镇为例，镇区常住人口多在5万以内，其中约有1/3小镇为万人以下规模；常住人口在10万以上的特色小镇多集中于长三角、珠三角地区。这与我国东西部经济发展结构及长期存在的人口大量向大城市聚集、小城镇人口流失等问题有关。

二是特色小镇人口聚集趋势正在向良性发展，新移民中高端人才、年轻人所占比例远高于普通小城镇。据2017年3月住建部的数据显示，第一批127个特色小镇创建半年内，就新增企业就业人口10万，平均每个小镇新增工作岗位近800个。可以预见，随着产业的不断升级和服务配套的不断完善，未来这一数据还将有所突破。

三是特色小镇的游客群体至关重要。旅游是所有特色小镇都兼具的产业之一，甚至很多特色小镇以旅游作为特色产业。具体来看，大多数特色小镇的游客基础市场为 3 小时城市圈的短途自驾家庭客群，其中亲子游客群是出行主力。2015 年我国自驾游达到 23.4 亿人次，85% 为家庭出行，300 公里以内的短途游占据主流。从统计基数可知，虽然游客不是特色小镇的常住人口，但一定是特色小镇的主要使用群体之一。

以人为本的适用性实际就是：文化创意可以更自然、更和谐地处理好小镇社会系统与人之间的关系，既让社会服务于全体人群，又让各类人群都参与到社会的各项分工当中（见图 10-1）。原住民中的老人，一方面，能够享受特色小镇的优质养老服务，参与多样的文体活动；另一方面，当他们聊起过去的民俗、唱起过去的戏曲，既是对小镇文化的传承，也是游客眼中最鲜活的小镇生活。新移民为到艺术小镇中的年轻画家，享受到政策福利，拥有自己的画室画廊，当他拿起画笔凝神作画的时候，既是在完成自己的创作为小镇经济做出自己的贡献，同时也让他人感受到小镇的艺术情怀，成为小镇艺术氛围中的一个小场景。小镇的尺度放大了个体场景的魅力，放慢了人们的节奏，显化了每一类人群甚至每一个人在小镇中的作用和意义。在特色小镇的具体实践中，研究各类人群的特征和诉求，用文创的纽带去梳理人与小镇社会的关系，是实现小镇产城融合及可持续发展的有效途径（见表 10-1）。

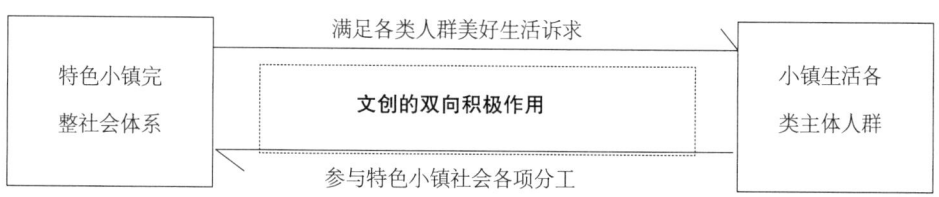

图 10-1 文化创意在全人群覆盖中的作用示意

表 10-1 特色小镇各类人群画像及需求

人群类别	原住民	新移民	游客
主体人群画像	以家庭为单位，老年人和儿童占比高于全国平均水平	多为高端人群，青中年为主	亲子、家庭、亲友结伴为主

续表

人群类别	原住民	新移民	游客
基本行动	居住、工作、老年活动、儿童上学	创业就业，居住生活	游憩、休闲、体验
特殊需求关注细节	医疗、教育、生活环境等方面。包括提供较高的医疗水平和教学质量，生活、居住区周围有便利的公服设施及购物场所等	交通便利、环境舒适。优秀的创业就业环境，日常通勤时间短（最好步行上下班），居住环境美好且方便，教育、医疗水平满足要求	完善、醒目的解说引导体系（包括移动端），齐全、高品质的服务行业，赏心悦目的景观，愉快便利的消费，方便地抵达旅游景点和目的地
小镇→人群	改善居住环境，增加就业机会，显著提高医疗、教育、卫生等服务水平，建设更多公服设施	良好的创业平台和政策，不亚于大城市的服务设施和教育、医疗等服务水平，远胜于大城市的生活环境	特别的文化氛围，小镇生活的体验度，本土文化的展示，便捷信息获取渠道和方式，方便多样的交通选择
人群→小镇	本土文化的传承、创新与活态展示，悠闲放松的小镇生活方式，具有本地特色的乡愁	先进的文化理念、创新的思维模式、创造新的就业机会、高端人群的生活方式、人口结构可持续发展	人气、强大的消费能力

二、全时空联动

特色小镇不是"新城""睡城""产业园区"，而是一个有机的组织。它有自己的过去、现在和未来，它也会日出而作、日落而休；它既有自己的领地，也有与周边区域甚至是全球范围的对话与交流；每一个特色小镇都有自己的故事。

时间层面：从宏观来说，小镇历史的文化积淀、现在的文化传承与创新、未来文化生活的超前体验，都可以通过各种文创手段来实现；从微观来说，日常的工作时间和夜晚的休闲时间都可以通过文创产业来丰富，一年四季，在不适游的季节，游客的诉求也可以通过文创产品来满足。在特色小镇的时光中，文创产业的生产和消费功能同时得到凸显。

空间层面：文创产业让小镇内部的功能分区界限更加柔和，让小镇周边的乡村景致更有味道、农业更有内涵，让小镇拱卫的城市更多了一种身份，让国家多了一项"中国智造"，让世界上更多的地方在合作与对话上又多了一种可能。在特色小镇的空间联动中，文创产业对于产品内容的创新、产品体验模式的创新、产品销售市场模式的创新、产业链渗透融合的创新是促进产业联动进而促进空间合作的重要手段。

三、全市场运作

特色小镇的机制创新在于政府引导、企业主体。这是国家承认自下而上的力量对城镇建设的重要意义，相信产业和空间的活力源于自组织性，明确市场杠杆在特色小镇路径选择上的积极作用。有学者在对乌镇的成功进行总结时提到，很重要的一点就是企业知道乌镇的核心资源——从各地汇聚而来的艺术家们要什么。他们要的很简单："给我舞台、给我展厅、给我机会、给我人气，再加一条，别管我。"[①] 语言虽通俗，道理却深刻。企业化市场运作给乌镇摆脱了束缚增添了活力，给了核心人群创意创新的空间，这是通过实践检验的一条真理。特色小镇的发展核心是特色产业的撬动，政府与企业各司其职，前者提供服务、保驾护航，后者将特色做到极致、做出高端、做出不可替代性。在这样的发展环境中，文化创意才能被激发出最大的创造力，发挥出其最大的功效，更好地满足人民日益增长的对美好生活的需要。

四、文创非万能，小镇需谨慎

截至 2018 年 2 月，国家公布了两批特色小镇试点共 403 个，加上各地方创建的省级特色小镇，数量已超过 2000 个。特色小镇强调在本地区全省、全国或全球具有"唯一性"，这个唯一性可以是产业方向，也可以是空间特色，是配合中心城

---

① 龙河闻."文创+小镇"如何变特色小镇[EB/OL].（2017-06-17）[2019-02-25]. https://blog.sina.com.cn/s/blog_455457ad0102x3ik.html.

区发挥的独特作用，同时也是对中心城市的"反磁力"，更是特色小镇得以生存并发展壮大的根本。

从我国目前发展特色小镇的大环境来看，众多地方政府存在"一哄而上、越多越好"的错误认知。很多地方政府基于精准扶贫的"必要性"，急于"大干快上"特色小镇，然而多数却只是去想当然地申报毫无文创"充分性"的特色小镇。虽然文创产业在特色小镇中的作用十分凸显，但从实际操作角度来说，选择文创产业作为特色产业，既不是特色小镇的唯一道路，更不是一条捷径。文创虽好，但是一个地区的资源往往是单一和有限的，同一地区申报特色小镇的数量越多，同质化现象必然越严重。在这种情况下，文创产业被当作了"万金油"，没有产业基础的地区往往直接拿文创来当作自己的特色产业，没有文化历史底蕴就生搬硬套。如此一来的结果必然是以文创产业为主导产业的特色小镇质量良莠不齐，并且高度同质化。

国家层面已迅速认识到该类问题，2017年12月4日四部委联合发布《关于规范推进特色小镇和特色小城镇建设的若干意见》，明确对特色小镇文创定位审定的要求会越来越高。评定将更看重特色小镇是否有历史文化积淀，以及小镇的文创产业定位规划是否成型完备。在此情况下，小镇本身不具备或者没有太深厚且值得挖掘的文化底蕴，而想要无中生有地生造出一个小镇文创产业时，就需要慎重考量。当然，存在地方特色且不含争议的历史、名人等文化独特性的小镇依旧可以继承和创新传统文化，将文创定位为特色产业。如北京市怀柔区雁栖镇（雁栖湖国际会议中心所在地、旅游文化）、黑龙江省黑河市五大连池市五大连池镇（历史文化）、山东省济宁市曲阜市尼山镇（孔子故里、名人文化）、商洛市山阳县漫川关镇（四方面军长征漫川关战役、红色文化）等已入选住建部发布的《关于拟公布第二批全国特色小镇名单的公示》所列名单的特色小镇建设项目。

文创产业在特色小镇建设的过程中无疑是必不可少的重要部分，在特色小镇中的规划定位是一个复合型、系统性的工作，涵盖文化、旅游、商业、地产等众多方面。这意味着建设特色小镇不加入文创产业不行，但想要加得合理、适宜、相得益彰却也有很大难度。分析上文所述已经申报成功的特色小镇项目可看出，本身拥有独具特色的旅游、历史、名人、红色历史等文化底蕴的地区，大力挖掘本地特色文化确实是一条捷径。而对于本身没有太多可挖掘文化资源的地区，显然不能单纯以文创产业作为特色小镇的驱动产业。一方面，临时造出的文化与"自带文化光环"的地区相比，必然在知名度、底蕴、文化体系的合理性等方面存在差距，缺乏竞争力和吸引力；另一方面，由于是无中生有地创造文化，所以需要在规划、宣传等方面加大投入，成本更高，建设特色小镇所承担的风险也会越大，更难承受失败的后果。

那么在特色小镇中应如何选择合适的文创产业才有更大胜算呢？按照部分学者对文创产业划分的三个层次来评估，具体如下。

第一个层次，是依托或者借助于旅游业来发展的特色文化产业。文创产业与旅游业结合比较容易，进入门槛低，对于人员的要求也比较低，主要利用本地的资源优势。但是以目前旅游业的规模来看，如不是"天生丽质"，则单单结合旅游业的文化创意产业难以成为支柱性产业，无法支撑整个特色小镇的良性运营和发展，而且面对的竞争也最激烈，想要生存下来非常困难。

第二个层次，是在本地业已形成常态的制造业、加工业等产业基础上打造更具特色的文创产业。此阶段相比上一个层次，有更强的竞争力和生命力，也更难复制，但要求也更高，即本地区本身要有符合条件、经营状况良好的产业集群或明星企业。

第三个层次，是以高科技为支撑的新兴创意产业。高科技企业代表了未来的发展方向，与之结合的文化产业，是借助高科技创造出来的一种全新而极具生命力的新的产业形态，立足高端，前景广阔。这应是地区建设或规划特色小镇加入文创产业时追求的最高境界。

综上所述，考虑以文创产业为特色产业建设特色小镇，追求的层次越高，成功的可能性就越大，发展的前景也越明朗。建设者应全面而细致地审视自身具备的资源，量力而行，做出合理正确的决断。为申报而申报，不考虑本地实际情况强行立项，则最多只能达到第一个层次，面对的竞争最激烈，失败的可能性最大。而自身具备较好条件的地区，则应追求更高层次，结合本地优势资源打造独具特色的文创产业，继而将其转化为推动地区发展的强劲动力，构建以文化和创意为内生动力、以文化产品的生产和体验为产业终端、以城市文化服务和文化生活为主要内容的城市文化生态体系，从而推动地区的发展。

特色小镇的体量、产业特性和发展路径决定了其产城融合度要高于城市。文化创意的加入，无论是附加于特色产业之上还是独自作为特色产业，都可以使特色小镇产城融合体现在更多的方面。在特色小镇科学发展的大背景下，应从理论角度解读文创产业与特色小镇产城融合发展的特性，从实践层面检验文创产业与特色小镇产城融合发展的效果，从辩证角度分析文创产业是否适合特色小镇的路径选择。希望通过本章能够启发特色小镇的规划者、建设者、运营者理性而又不失灵气地用好文创产业，莫让"伪文创"毁了特色小镇这张牌。

第十一章 感知视角下城市 CBD 与文化的相生相成

黄经纬
华夏幸福基业股份有限公司城市运营中心副总监

第一节　追本溯源：CBD 的文化基因

在过去将近一百年的时间里，关于城市文化的探讨一直在持续。实事求是地说，"文化"是极易谈论又极难解释清楚的一个词，即使有所论述，想获得认同也会颇费功夫。相对于城市整体或者城市其他组成部分，中央商务区（Central Business District，简称 CBD）是一个独特的事物，有着显著的特点。CBD 因商务而生，天生带着财富气质；它有迷人的外表，代表着城市的高度；它有旺盛的生命力，时刻在寻找着突破；它有一种积极的力量，引领着城市的风尚。同样，研究 CBD 文化也有相当的难度，与其尝试对 CBD 文化做一个较为清晰的描述，不如认为 CBD 文化是一个需要感知的事物，需要用感性的方法去品味。

从时间角度讲，凡是谈到基因问题的，必从历史中挖掘；从空间角度讲，文化的当下特色就是决定其未来发展的基因。虽说现代意义上的 CBD 产生时间并不长，但却迅速发展成为城市的主流，影响着城市的兴衰。CBD 文化的本质与 CBD 自诞生之初所携带的特点不无关系，与 CBD 所处城市的文化特质也联系紧密，CBD 文化的表达是一个本土文化与外来文化的结合。

一、与生俱来的商业气息

虽然 CBD 的萌芽可以追溯到更早的时期，但是近现代意义上的 CBD 的历史并不算长，无论是早期还是近代 CBD 的诞生，都离不开商业的高度繁荣和交易量的放大。因为商业在世界范围的开展和大规模交易的出现，需要更多的服务与之配套，商务因此而大规模兴起。所以在 CBD，每一种风俗、每一种观念、每一种论坛，几乎是因为商务活动的需要而诞生的。

在早期，随着航运和贸易活动在国际范围内的开展，来自世界各地的商人、银行家、股票经纪人以及大宗商品的买家和卖家开始在同一个城市聚集。这类人群的聚集对城市功能提出了新的要求，他们需要豪华的写字楼，需要更加先进的通信设备，需要完善的物业管理，需要更加专业的律所和会计所等。

面对新的需求，城市打破了本来悄无声息的线性生长过程，亟须发生某种变化来适应这种新的挑战。自此开始，城市有了更高的追求，不再满足于只为本地居民提供基础性服务，诸如百货商场或者演出剧院等设施，而是需要增加更多的功能来满足整日奔忙的人群。城市需要专门辟出一块地方，为整日行色匆匆的人群提供工作、社交、生活的场所。

于是，城市开始在一个狭小的地方建设更高的写字楼，设立银行和交易所，慢慢把生活需要的酒店、公寓、影院、健身俱乐部等城市要素吸引进来，形成了早期的CBD。聚集在这里的人群通过他们掌握的资源和影响力，把这里变成城市里最繁华的地区。

在CBD工作的人群多数是来自各行业的杰出人才，很快他们就吸引了更多本地精英来这里工作，也有来自海外的优秀人才。大量优秀的金融人才、贸易行家、翻译人员、保险推销员、律师、会计、记者、设计师都向这里聚集，不同肤色、不同语言的人群坐在高档的写字楼里，处理着可能影响全国甚至世界其他地方的事务。不仅如此，为了维持CBD的有效运转，还有酒店工作人员、物业管理人员、餐饮从业者都开始在CBD聚集。人是文化的载体，CBD的文化源于最早聚集于此的人群，是他们的行为和观念产生了最早的CBD文化。

CBD从诞生之初，就带着财富的气息，带着混血的气质。所以CBD注定有一个不同于其他城市组成部分的基因，其诞生的历史和演变的过程决定了CBD与众不同的文化基因。

二、对城市文化的吸收与革新

像东京的新宿歌舞伎町、巴黎的新凯旋门、芝加哥的变形金刚等，都是对其所处城市文化的回应。城市文化是人们共同创造的，是人们生活所依赖的一切，城市作为一个文化载体而存在，CBD既是承载了城市文化的一个部分，也是对城市文化的革新。

（一）在传承城市文化中升华

人类进化需要文化积累，而城市正是文化积累的重要手段之一。CBD 在发展和建设的过程中积极吸收城市文化的精华，这也是 CBD 能够与城市共同成长，并推动城市进步的重要原因。

CBD 同城市一样在不断地演化，从最初的单纯为了发展产业，到文化积累、文化创新。文化传播的形式也在不断丰富，从最初的报纸、电视，到通过学校、教堂、寺庙、博物馆、电影院、剧院、论坛等一整套传习文化的设施和机构。CBD 作为一个文明孕育的场所，传承了城市文化诸多的优秀元素，也让这些文明的成果继续在 CBD 传播。

CBD 文化的研究有两个主要的倾向，一个是关于城市规划和城市建设的理念、历史，以及城市里的文化是如何与城市发展发生关系的；另一个是关于城市的人文景观、历史故事、社会习俗等，是一种城市地域范围内的文化现象。

无论我们从哪个角度研究 CBD 文化，都是为了发掘促进 CBD 繁荣、对人类生活有所裨益的文化元素。在经过现代文明的洗礼之后，CBD 变得更加复杂和深刻，需要我们从一个全新高度来审视 CBD 及其所创造的价值理念。

（二）在革新中创造 CBD 与众不同的文化

CBD 对于城市来讲，既是一次传承也是一次革新，它改变了人们对工作时间的认识，对城市建筑的认识，对交易模式的认识，以及对商业活动的认识。CBD 时刻在思考如何保持自己在城市中的领先地位，无论是在悠闲的咖啡馆，还是在静谧的高档会所，无论是在简易餐厅，还是在一次生活派对上，大家的话题几乎与经济形势有关、与商业活动有关，这种独有的特点催促着 CBD 前行的步伐。

CBD 的文化虽然没有脱离城市文化的底蕴，但也由于其目标的不同，使得聚集于此的优秀人才都能够为创造出推动世界变革的事物而努力，为创造更大的财富而工作。

因为人的聚集而带来了不同的文化元素，因为商务区的目标使得 CBD 的文化无不带有财富的味道，因为对城市文化的吸收与革新，让 CBD 能够出众，这就是 CBD 文化基因与城市其他区域不同的原因，这种原因在极大程度上决定了 CBD 当下的文化本质。

第二节　见微知著：CBD 文化的整体感知

CBD 的文化看起来像一个有意思的拼图，来自世界各地的人们带着各自的价值观凑到一起，在开放多元的 CBD 里，创造力和个性得到极大释放，为什么这种"凑合"没有使社会走向分崩离析，反而走向"有意义的拼图"？也即一个多元分歧的社会，依赖什么来凝聚？CBD，定有发展内在的力量——文化。

文化现象在各地区 CBD 中的表现形式呈现多样性，这种多样性的形成与人的文化自觉程度有关。人对于自身"存在"的处境自觉反思，从而试图表达，在自觉和表达之间所激发的创造力和想象力的强弱，就造成了文化与文化之间的不同。文化上的差异还会带来文化功用的不同，以及功用的多样化。例如各种艺术气息浓厚的雕塑、标志性建筑物、地标性的街道、中心公园绿地、歌剧院、音乐厅、名人旧居、电影节、音乐节以及其他文化休闲活动，同时还包括动漫、设计等文化创意产业。在这里，可以获得美感，找到归属，也可以实现自我，可以让企业更加优秀，让事业更加成功。

一、文化映射人的需求

（一）内外皆宜的美学盛宴

人通常都是以"自我"形态为根据，对外在事物产生感觉行为，通过感觉行为体现人的主观愿望，由主观愿望对外在事物产生一定的主观需求，主观需求的满足就是产生美的感受。例如人们在长期的生活中形成了对尺度、均衡、对称等的美好感受，就可以从 CBD 的建筑中获得现代高层建筑带给人们的美学满足。

1. 自我陶醉的城市意境

城市空间实际就是一种文化环境，CBD 内的人文景观、自然景观、建筑风格都应该从艺术美学的角度使在此区域内工作的人得到满足。例如北京 CBD 内的央视大楼、拉德芳斯广场的艺术雕塑、曼哈顿的中央公园，都带给人们以美学上的享受。

人都会因为接触到美好的事物，产生赏心悦目、怡情悦性的心理，这便是人获得了美感。美感反映的是人的"自我"对客观事物的价值判断和价值需求。如果说"归来笑拈梅花嗅，春在枝头已十分"是对自然美的欣赏，那么"九重宫阙晨霜冷，十里楼台落月明"则是对人造美的欣赏。在 CBD，可以说是一个人类智慧的集中地，人们可以通过雕塑、房屋、街道欣赏到现代人巧夺天工的技艺，可以感受到工业文明带给人类的欲望满足。

2. 由内及外的美学追求

人们通过在 CBD 修建能给人带来价值的建筑物、雕塑等物质形态的事物，通过客观事物的外部形态来获得认识层面上的判断和确认。例如新加坡 CBD 的滨海艺术中心，从外观造型上看，是仿照一颗剖开两半的榴梿而建，因而被人们称为"大榴梿"。榴梿壳的三角金属板在热带的阳光照射下呈现出各种光与影的变幻，很有质感、美感和现代感。艺术中心门前的半露天舞台常会举办一些免费的演出，市民可以沿着河边散步，休息期间可以坐下来听听音乐。

"这就是我想象中的 CBD！"当人们来到 CBD，在这里看一场演出，乘坐电梯来到云霄中的观光台，体验到这里带给人们心灵的震撼，发出了这样的感慨。这表示 CBD 很成功地表达了人们内心中对城市美的向往与思考，人们在这样的体验中确定了自己的感受，获得了与城市愉悦的交流。

（二）归属感：文化的应有之义

美学满足虽说也算作精神满足的一种类型，但精神满足还有更加丰富的内涵。CBD 内的白领阶层需要的是个性化文化消费需求。在不满足于逛街、唱歌这些基本的休闲活动时，人们希望能有更具精神内涵的文化活动。

人总是渴望群体的接纳与认同，在现代社会，获得群体认同的方式多样化，途径也不断改变。整日在写字楼里伏案工作的人群需要通过一定的途径来寻找自己的归属感。就像有的人依赖于祈祷一样，通过心灵的净化活动来获取精神的满足。祈祷的含义就是人类对造物主的需求。人的秉性都相信宇宙间有超自然的力量存在，任何人只要得到它的佑助，就能够战胜种种困难，在人生的道路中取得成功。所以在宗教盛行的地区就需要有教堂，CBD 也不例外。例如在伦敦金融城的西侧，就紧邻着著名的圣保罗大教堂；在曼哈顿 CBD，正对华尔街入口就是三一教堂；沿着百老汇稍微往北走一点，就有一座圣保罗礼堂，它建于 1776 年，是纽约最早的公共空间，曼哈顿还有许多其他大大小小的教堂。

也有的人靠交流，通过群体活动来感受集体的力量。在 CBD，存在着许多俱乐部、沙龙等各种形式的组织，有组织严密的，也有松散的、临时性的。成员通过这些组织来满足对安全、地位、社交的需求。例如通过俱乐部的形式，就可以完成很多商务上很难解决的事情。

在 CBD 里，文化是人们生活的必需品，人们必须依赖众多的组织和形式来获得交往，在各种活动中找到归属，这些功能不能单靠公司会议或者论坛获得，必须是丰富多彩的文化活动。

（三）欲望下的物质满足

文化是一种生活方式，它记录了一个时期人们赖以生存的一切依靠。人们遵循一定的秩序而形成一种社会风俗，人们青睐一种风尚而形成一股文化潮流。人们对于生活资料的追求，同样也是文化的一部分。CBD 是人们创造的了不起的艺术，它记录了人们关于建筑的最高技术，关于时代对于经济发展的态度，它既以物质的形式又以人类活动的形式讲述了关于城市居民不同的生存状态。

单就 CBD 人群的物质满足来说，仅是人们的衣食住行就可以组成一座文化的大观园。CBD 内人群的消费文化是：紧追潮流时尚，购买各大知名时尚杂志、服装品牌，以提高其时尚品位；餐饮消费多样，既有星巴克、吉野家、味千拉面等商务餐，也喜欢有情调有特色的餐厅，最好店名有典故；休闲消费固定；参加各种特色沙龙，去特定的会所、健身房、美发店等；崇尚旅游休假，凡此种种。

从人群的需求角度划分，CBD 文化的物质满足无外乎两类。一类是因需求而获得满足；另一类是因欲望而获得满足。因需求而产生的通常是人们生活必需的饭店、便利店等。这一点与整个城市的消费差别不大，和城市其他区域一样，这里可能聚集着各个地方、各种风格的餐厅，各种情调的咖啡馆。唯一不同的是，坐在咖啡馆里上网的人，有可能来自异国他乡，一份英文报纸、一杯卡布奇诺、一台笔记本电脑是 CBD 最常见的场景。

因欲望而带来的物质满足才是 CBD 最大的特色。CBD 人群通常热爱用个性的服饰、高档的饰品彰显自己的品位,他们的衣橱里一般会有几套西装以备不同重大场合之需,但不论是庄重得体的阿玛尼,还是略带雅皮味道的BURBERRY,总之绝对要顶级名牌。能够满足这种欲望并能够标出高租金的,估计也只有这些顶级名品了。CBD通常都是高档百货与购物中心的云集场所,你所能想象到的香奈儿、蔻驰、普拉达等都能在CBD找到。在带给人们视觉愉悦的同时,也带给生活在这座城市的人们奢华的物质满足。

(四)文化:促进人和组织的发展

CBD,集结和凝聚着城市最精良的生财力量,调控整个城市的经济脉搏律动,不管是企业还是个人都期望在这个区域内寻求其发展上的满足。发展满足可以从两个方面来讲,一方面是个人角度,另一方面是企业角度。按照马斯洛的研究,人的最高需求是自我实现的需求。"自我实现",也就是一个人使自己的潜力发挥到极致,成为自己所能够成为的那种最独特的个体,使自己成为自己想成为的那种人,从而实现自身价值体现的最大化。

1. CBD,个人发展的阶梯

CBD,不仅仅是一个区域名称,更是一个"品牌"(Brand),以至一个"地位"(Status)的代号。是心怀抱负的青年事业成功的踏脚石,是各大名校毕业生前途光明的社会阶梯。香港特别行政区中环面积125公顷,真正住客才3万多,但流动人口(上班一族)则有约30万;英国目前有百万人从事金融服务业,仅金融城内就聚集了超过50万金融专才。

2. 组织在CBD文化中获得收益

除了个人,企业能够在CBD里办公,说明在各方面都有很强的竞争优势。在CBD的形成过程中,主导产业和大型公司的集中建设与活动会产生一种吸引外部资金向CBD聚集的向心力。在聚集效应的驱动下,商务经济活动在城市中聚集,形成中心商务区。一个成熟完善的CBD,能够为企业提供较强的人才优势、关联优势和政策优势,以达到企业降低运行成本、要素成本和平均成本的目的。

全球著名的商务中心一般都具备强大的人才优势。比如在纽约曼哈顿不足1平方公里的华尔街——CBD的金融区,集中了几十家大银行、保险公司、交易所以及上百家大公司总部和几十万就业人口,是世界上就业密度最高的地方。在曼哈顿从事金融工作的员工,最多时达到40万。优质的专业人才"蓄水池"让曼哈顿 CBD 不仅是纽约的经济活动中心，而且是美国经济的心脏。

美国学者雷诺兹曾对 CBD 内的各类活动及其相互间的关联进行了透彻的分析，提出了 CBD 内活动间存在着四种类型的关联：一是竞争性的关联。面向同一市场的相同或相似活动的集结，表现为一种竞争性质的关联，如大型百货商店之间的关系。二是补充性的关联。服务于同一市场的相关活动的集结，即由于活动之间具有互相补充性质的关联，譬如律师行和法院的关联。三是辅助性的关联。不同功能活动的集结，导致了辅助或附属性质活动，如展览中心、会议中心。四是商务上的关联。指不同的企业或机构由于依赖于同一供应者而集结在一起，如报界、新闻社与法院和律师行的集结。伦敦有名的舰队街就是这类关联的典型例证。

二、CBD 文化现象的特征

CBD 是城市中一颗璀璨的新星，它的出现就是城市发展的一个奇迹，它的发展影响着整个城市的曲线，它因强大的资金、信息和人才吸纳力而具有其他地区不可比拟的优势。但是 CBD 不仅仅是金融和商业的代名词，它也延续了浓厚的文化艺术气息，知识和精神在这里盛行。CBD 文化所具有的不失亲和的聚集性和杂而不乱的凝聚性，让其慢慢与母体城市融为一体，突兀却不孤独。

（一）理念：多样而包容

雅可布斯认为"多样性是城市的本质"，尊重城市的多样性首先要尊重文化的多样性。CBD 因其独有的向心力使人类的财富、信息、权力、人才乃至全部生活方式都以其为中心进行汇集，它的涵盖面越来越广，凝聚力也越来越强，这必然带来了文化在 CBD 的聚集和繁荣。这些文化不仅在 CBD 聚集和停留，而且在 CBD 进行融合、渗透和创新。

CBD 是城市发展的奇迹，同样它也为城市创造了很多奇迹，首屈一指的便是一栋办公楼恰似一个浓缩的世界。在 CBD 任何一个地方都可以看到世界各地不同肤色的人在一起办公和交谈，他们带着各自的风格和文化特色聚在一起，看上去好像格格不入实际上却相处融洽、其乐融融。CBD 聚集了世界各地不同特色的文化，这些文化聚在一起应该会是五颜六色、杂乱无章的拼图，但是 CBD 却把这些各具特色的小撮文化融合成了一幅和谐美丽的画卷，这就是 CBD 文化的魅力。

"文化创意+"产城融合发展

CBD文化的多样而包容体现在能够让不同的文化在这里出现并且生存下来。因为CBD在世界经济发展中的优势，使心怀远志的企业和人才纷纷涌向这里，他们不仅带来了信息和知识，还带来了各自的文化。CBD是一个创造奇迹的地方，任何有价值的存在都会在这里找到适合的土壤，不同文化在这里集聚并相互包容相互影响。世界各地的著名CBD都呈现多元化的文化特征，在这里没有所谓的入乡随俗、摒弃自我，一切显得那么和谐而多彩。

画家陈丹青说，纽约是各种人、各种生活方式和各种可能性。在纽约，联合国总部飘扬着192面各色旗帜，来自世界各地不同肤色的人们挤在华尔街同一间办公室里忙碌着；纽约曼哈顿第五大道的各种游行也折射出纽约文化的多样性及多元的文化价值观。英国金融城也是一个多元化的城市，走在伦敦金融城的大街上，你会听到美国、加拿大以及澳大利亚的口音，你也会看到亚洲、非洲和美洲的面孔。法兰克福一直是一个文化多元的城市，主张文化多样性和不同文化间的和睦相处。有的CBD在特殊的发展历程中造就了其多样性的文化，就像开普敦历经荷、英、德、法等欧洲诸国的统治及殖民，虽然地处非洲却充满了多元欧洲殖民地的文化色彩。

CBD文化的多样而包容还体现在其新老并存、雅俗共赏、创意不断。虽然CBD是时尚和潮流的代表，是现代的标志，但却保留着很多古典的建筑和艺术，让这个新兴的明星具有了历史的厚重感。法兰克福优雅的古典建筑、博物馆、艺术馆、歌剧院等文化设施让人充分体会到古城浓厚的文化艺术气息。金融城仍保留着有"针线街上的老妇"之称的英格兰银行、皇家商业交易中心、伦敦金融城市长官邸大厦之屋、伦敦大火纪念塔、伦敦塔等经典建筑，这种多年文化积淀的分量和历史感是其他城市学也学不来的。开普敦的CBD保留了很多低矮建筑，这些富有年代感的老旧建筑让它多了某种独特的气质。在开普敦的CBD，有很多小商店穿插在高楼之间，小商贩和白领们同时出现在CBD，让CBD略微死板的面孔上少了些威严而多了分亲切。CBD的包容性为其创新性提供了丰富的资源。CBD聚集了世界顶尖的企业和人才，更有CBD特有的社交方式。在这里，各种文化、信息、知识相互碰撞，在比较和启发中萌生新鲜事物，就像香港特别行政区的中环，华洋杂处，种族文化多元，人才济济，灵活开放，为滋生创意提供了最佳土壤。

（二）载体：专注而复合

CBD 可谓是寸土寸金，知识、信息、资金和人才高度密集，这里的商业活动或文化活动不单单是一种生意或消遣，更是一种业务信息搜集和人际关系网搭建的方式。于是，许多设施被 CBD 赋予了超越它们本身的意义。

首先，CBD 功能的复合性要求越来越高。当今国际大都市的 CBD 不仅基本功能增强，从属功能也越来越丰富和多样。CBD 的规划和建设不仅考虑域内常住者的需求，而且考虑商务旅游者和观光旅游者的需求，不仅关注商务环境的完善，而且关注自然生态环境和人文环境的完善，不仅注重商务设施的配套，而且注重休闲设施的配套，最终达到商务和人文之间的完美平衡。拉德芳斯的 CBD 酒店、写字楼、花园、停车场、商业、会议会展、公寓相互组合，相互依存、相互推动，形成了一个多功能、高效率、功能复杂而又统一的建筑群落。

其次，CBD 文化设施融入了更丰富的商业内涵，发挥着比其原有功能更多的作用。提到咖啡馆，很多人感觉就是简单的交流感情、休闲休憩之地，但在 CBD，人们去咖啡馆喝咖啡只是一个道具，其实大家更在意的是喝咖啡过程中聊的内容，很多信息都是为了在这些看似惬意的闲谈中捕捉到的，这里是进行商务交流、文化传播、开展讲座、沙龙等活动的地方。酒吧一直是人们眼中比较另类的消遣场所，来这里的人基本都是为了发泄和放松，但 CBD 里的酒吧却充满了优雅和高贵，出入这里的也都是仪态庄重的精英白领们，有的来这里放松休息，有的来这里谈业务工作。CBD 的地铁站、地下走廊都能成为艺术的展览馆，在蒙特利尔的地下城，多彩玻璃幕墙、雕塑、展览、艺术长廊随处可见，让地下城充满了浓厚的人文艺术气息。

（三）传播：敏锐而迅速

CBD 不仅是经济的晴雨表，更是潮流和文化的引领者。在这里，文化得以迅速传播，其速度超乎人的想象，就像伦敦金融城发布的消息几秒钟就传到世界各地的金融家那里一样，从而奠定了 CBD 的精神地位。

CBD 的社会地位决定了其信息的重要性和被传达性。CBD 是财富的聚宝盆，是世界经济的指示灯，使这里的文化具有很强的被传达性。CBD 的企业和人群密集性决定了其具有敏锐的信息捕捉力和迅速的文化传播力。首先，CBD 聚集了高密度的企业和商务人群，他们为了在激烈的竞争中占有一席之地都需要实时快速更新的信息，CBD 为其提供了先进的通信和广播设施，这些设施在让企业和商务人士捕捉和传递商业信息的同时也为文化快速传播奠定基础，而这些设施的先进性也决定了 CBD 不可超越的文化传播速度。其次，网络文化的兴起也给 CBD 文化的传播带来了生机和活力，微博风让信息畅通全球。最后，CBD 人群密集，面对面的交流成为迅速传播文化的主要途径，不管是在社交活动还是休闲场所，直接交流都为 CBD 文化的传播立下了汗马功劳。

CBD 文化活动的频繁性也促进了其文化传播。在世界著名的 CBD，各种文化活动数不胜数，剧院、博物馆、艺术展览等都传递着文化气息。拉德芳斯常常举办各种临时艺术展览，卢普区中心的格兰特公园每年的各项音乐演出节至少吸引 680 万人次游客。这些都为文化的传播起到了推波助澜的作用。

第三节 相生相成：从物质地标到精神地标

CBD 是城市中文化最多元的地方，是思想火花碰撞最为激烈的地方，也是发展理念最为先进的地方。尽管大都市文化都正在朝着包容、开放、可持续的方向发展，但是目前就现实情况而言，仍有些地方不能满足 CBD 内人群的个性化需求。早期的 CBD 是随着经济文化活动的日益频繁，某一区域逐渐发展成为商务交流的核心区域，如曼哈顿、金融城，其文化与经济相生相伴，文化味显得更为浓厚一些。早期 CBD 的成功，使得很多国家和地区对 CBD 有一种强烈、狂热的追逐感，也就人为建设了很多新的 CBD，这些所谓的 CBD 大部分只是有了躯壳，却没有注入文化的灵魂。多数国家、地区仍将 CBD 作为经济发展的一个手段，粗糙地打造泛 CBD 的概念，忽视或者滥用 CBD 的文化。为此，我们希望 CBD 文化能够更好更健康地发展，为 CBD 能够完整地提供经济、社会、文化等多样性的功能做好坚实的基础。

一、文化在相互尊重与欣赏中"和而不同"

对于一座伟大的城市来说，最需要的是沉稳厚实的力量和宽广包容的胸怀，而不是过多的喧嚣、无谓的炫耀以及强横的压制，一座城市的 CBD 最能体现城市的胸怀。CBD 内的人群来自不同国家、不同民族，不同的文化自然随之而来，CBD 文化发展的大前提是各种文化要相互尊重，相互欣赏，发现对方的美妙之处。全球化是我们这个时代的特征，它不是一个结果，而是一个动态的进程。CBD 的文化发展也是一个动态的过程，在一个宽松的氛围中，各种文化首先都是独立的个体，在互相欣赏的同时，也会主动吸收其他文化的优点来完善自己。

CBD 文化是多元的、开放的，也是国际化的，这种文化的深度与广度正是体现在这种互相尊重前提下的包容、共生与融合。CBD 内既有本土文化，也有外来文化，其本土文化带有强烈的历史浓厚色彩，而外来的文化则代表了不同地方、不同人群的行为习惯与文化背景。对于 CBD 文化而言，有尊重才能允许差异的存在，而有差异才有意义；有欣赏才能保留各自的特色，有特色才更具有魅力。对本土文化的继承，才能打造富有独特个性的 CBD，保留当地城市独有的历史人文内涵，满足当地人的自豪感；欢迎其他民族、其他地区文化的到来，并给它们保有自己活力的空间，是对其他民族文化的尊重与认可，也能吸引更多人才汇聚于 CBD。在时空的变迁中，多元文化的兼容、共生是 CBD 建立独特文化标志的基础，更决定了 CBD 文化的推广输出能力和文化传播扩散能力的强弱，从而展现出 CBD 文化的强大吸引力。

二、以创意激活文化，持续保持文化的活力

有想象力、有创造力、与时俱进的文化才有发展的前途，创意体现在文化在不同时空范围内新的表现形式，创意赋予文化持久的生命力，文化通过不断增加新的内涵求得生存和发展并避免于消逝。CBD 多元化的文化氛围和资源为文化创意的成长和集聚提供了肥沃的土壤。其中，CBD 得天独厚地拥有最重要的两个优势：消费群体和充足的资源供给。

CBD 是创意产业要素喜欢聚集的地方，创意产业本身的发展动力就来源于个体创造力、技能和才华，通过开发文化作为消费商品的属性，实现文化的经济促进功能。例如对工业遗迹进行改造，进行创意产业的发展，诸如纽约苏荷区、伦敦东区、法国贝西小镇、北京的 798 艺术区等。创意使原有的文化呈现新的面貌，像沙龙文化，其本质就是一种社交文化，只是在 CBD 这个地方迸发了新的色彩，还可以综合利用原有的公共图书馆、音乐厅、剧场等设施，提供差异化的文化服务，促进以商业文化、都市文化、时尚文化等多元文化为主要特征的"CBD 区域文化"的形成，也使得原有的一些消费设施焕发新的活力。创意催生了商业创新的灵感，CBD 内汇聚了最前沿的消费和商务需求，商务设施与服务完善、企业投资机构集中，为商业创新提供了良好的孵化成长平台，不断萌生新的商业业态。创意为人们提供了更多的交互与休憩空间，比如富有个性的地标建筑、以人为本的街道设施、交错的城市绿地、提供休息交流空间的小广场，或者利用旧城改造

或者建地铁的机会开发地上与地下空间等。CBD占据着全球经济文化活动的制高点，具有高端引领性，因此CBD需要创意发挥其再创造的能力，不断丰富CBD的文化内涵，这正是CBD文化创新引领潮流的核心魅力所在。

三、让本土文化在CBD更富有鲜活的生命力

城市是"靠记忆而存在的"，每个城市都有其独特的风土人情与历史渊源，这是它的文化内涵，也是它的独特记忆。而CBD是城市的有机组成部分，CBD文化发展需要开放、包容、国际化，但并不代表要摒弃城市母亲赋予的一切。保留原有的特色文化，是对本土文化的一种传承与尊重，如带着厚重历史印记的古老建筑、散发着浓厚传统气息的文化活动、悠悠诉说着往事的名人故居，这些让本土人士具有归属感，也对外彰显了区域的文化特色，让本土文化在CBD文化的发展中呈现更美的光彩。

CBD建筑在实现艺术性与实用性、功能性与智能性统一的基础上，要具有得天独厚的地缘优势以及鲜明的特色、风格，才能实现城市文脉传承与现代风格的有机结合。CBD从不缺乏各种新颖奇特的建筑风格，而保留原有的带有浓厚历史文化气息的建筑才能拥有个性化的脸谱，唱出不同的曲调。如伦敦金融城至今还保留着英格兰银行、伦敦塔等经典建筑，悠悠诉说着它们的故事。这些建筑仍然在运转，发挥着不可替代的作用，它们与新建的瑞士再保险公司总部大楼"小黄瓜"相互辉映，谱写出一首独特的建筑交响曲。传统文化活动不仅能激发当地人对本土文化的坚持，也是最能让外来人士了解当地文化的有效途径，使传统的文化焕发新的活力。比如曼哈顿的时代广场，又称为"世界的十字路口"，其实它的面积连一个足球场都不到。纽约时报（New York Times）于1904年搬家迁至此处，所以就把这里叫作时代广场。迁入的那天正好是新年岁末，晚上举行了燃放烟火的活动以表示庆祝。从此以后，每年此时都会举行跨年的倒数计时活动，现在已经成为全球人尽皆知的世界性传统，时代广场也成为世界各地上百万游客及当地居民一同倒数计时的梦幻场地。

四、"人情味"与"商业味"共存带来幸福感

经济功能是 CBD 的核心功能，但商务活动的活力来源不是拥挤的交通，也不是越建越高的大楼，更不是以分钟为计量单位的商务节奏。相反，当人们的能量在拥挤的交通中消耗掉的时候，视线被百米级的大楼屏蔽掉的时候，情感在紧张的商务活动中变得麻木的时候，整个城市的商务活力也将被慢慢消磨殆尽。当人的情感和感性能力受到挤压变异，物质需要和心理需要严重失衡，直接后果就是人的想象力、创造力的降低和工作效率的下降。而 CBD 的文化就需要润滑这种不适，满足人们在繁重的商务活动之后对于放松的需求，这样才能可持续发展。文化发挥的就是清新剂、润滑剂的作用，我们不能抹除商业那浓厚的味道，但可以将人文气息合理融入，让其发生化学反应，使 CBD 散发出一种迷人的芬芳，带给人们幸福的感觉。

CBD 内的人群既是文化的享用者，也是文化的创造者，发展 CBD 文化需要细化人群需求，拓宽 CBD 文化空间。将 CBD 内的商务工作、日常消费、艺术生产以及观光旅游等活动联系起来，需要广阔的空间、漂亮的建筑、充足的艺术工作者以及相关产业互相配合。在城市空间中，公园、广场等已经逐渐发展成为都市市民休憩交往的重要场所，如曼哈顿喧嚣繁荣中那田园式的中央公园，成为纽约市民文化生活不可或缺的文化空间。商务区要想有实力、有活力以及持续发展的动力，就必须依靠更多的智慧，需要更多的主体参与到其中，调动企业、社会组织的积极性，实现人文与商业的共赢。比如以资源供应者命名的文化活动和项目，像节日庆典、艺术节、雕塑品展览、时尚秀文化遗产活动、慈善活动等以这些企业冠名。如位于曼哈顿中城的梅西百货公司是世界最大的百货公司，每年都会在春暖花开的四月举办为期两周的"梅西花展（Macy's Flower Show）"，引领着纽约的流行风向，展出的鲜花和植物超过三万种，给市民以视觉与精神上的享受。这不仅保证了大量文化活动的经济支撑，而且能帮赞助商增加知名度、获得更多的认同、增加其品牌发展与扩大影响的机会，是真正的"文化与经济双赢"。CBD 还能吸引广大的社会公众组织参与社会文化活动，如纽约的节庆文化非常注重市民的自发性参与，除了感恩节游行是商家组织的以外，万圣节的游行、年终倒计时活动都是市民自发组织的，已经成为一种市民的自觉，成为纽约人生活的重要组成部分。

第十二章 创意城市建设的新加坡实践与启示

陈瑜
北京方迪经济发展研究院高级咨询师

第一节 创意城市兴起的基础和发展理念

"创意城市"是目前国际流行的城市建设新理念。自 2004 年英国经济学家、创意理论家坎农提出"创意城市"的概念以来,世界上有越来越多的创意城市进入人们的视野,如英国伦敦、法国巴黎、美国芝加哥和纽约、日本东京、韩国首尔、城市国家新加坡等。联合国教科文组织于 2004 年成立了"全球创意城市联盟"(The Creative Cities Network),在全球范围内力推创意城市的发展,并把创意城市分为文学创意之都、电影创意之都、音乐创意之都、设计创意之都、媒体艺术创意之都、民间艺术创意之都和烹饪美食创意之都等各类主题。"创意城市"也成为解决城市发展难题的一种新思路,在全球城市面临传统经济衰退、城市生活品质恶化、全球化威胁挑战等严峻的结构性变化时期,创意城市已成为推动城市复兴和再生的一种发展模式,通过创意的方法实现城市持续发展的一种转型战略,为城市重塑形象、重获生机开辟了新的通道。

创意城市(Creative Cities)不是严格意义上的学术概念,从英文字面来看,主要是强调"创造力""创造性",可理解为创造力驱动发展的城市。这在世界创意都市发展中得到了充分体现,如纽约提出了"高度的融合力、卓越的创造力、强大的竞争力、非凡的应变力"的城市精神,伦敦确立了"世界卓越的创意和文化中心"的发展目标,东京制定了"充满创造性的文化都市"发展战略。人的创造力、思维和观念中蕴藏着巨大能量,建设创意城市的中心任务就是利用和挖掘这些创意能量,培育和鼓励城市的创造力。

一、创意城市的兴起源于城市转型与提升竞争力

伦敦、纽约、巴黎、东京等国际城市在全球经济中的影响力不限于一国,甚至主导着世界经济发展的潮流,这些国际大都市为什么要建设创意城市?从这些城市构建

创意城市的发展历程来看,创意城市的兴起有着"被动"(外部)与"主动"(内部)两方面的原因。所谓被动,就是随着全球化发展,发达国家之间首位城市竞争日趋激烈,与此同时,全球化带来的国际范围内的产业转移导致部分发达国家的城市出现工业衰落情况,城市需要有新的增长点,保持并提升区域竞争力。所谓主动,就是随着城市自身在发展中出现的"城市病",如人口膨胀、交通拥堵、环境恶化、住房紧张、就业困难等,以及城市传统产业衰退,需要有新的发展模式解决城市难题、新的产业支撑其进一步的发展。于是,创意城市建设就成为城市转型和区域竞争力提升的首选。

从城市转型而言,创意城市提供了一种全新的发展模式。创意城市通过城市产业结构的调整来实现经济发展模式的转型,以智力资本和软要素为主导要素的创意经济成为驱动、引领创意城市发展的基本模式。美国经济学家保罗·罗默等人的研究表明,"对创新和思想进行投资可以获得极高的回报率和利息",这也改变了城市重硬件轻软件的发展模式。创意城市不再是单纯以经济增长和经济效益为目标的发展模式,而是"全面提升生活品质",为城市居民提供高品质宜居生活环境、较为丰富的收入和丰富多彩的生活,通过人的全面发展、提高生活质量提升居民的福祉,实现"城市,让生活更美好"的目标。

从提升区域竞争力而言,创意城市是实现城市综合实力(经济实力、创新能力、城市环境、文化含量、城市形象等)的有效途径。城市的主体产业"创意产业"是一个集创意产生、创意制造、创意消费于一体的产业链,其价值体现不仅仅局限于创意产业本身,更多地体现在由创意产业所带动的支持产业、配套产业、衍生产业等相关产业和部门的发展。据统计,创意产业1美元的产值可以带动国民经济4000美元的产出。创意产业为城市发展提供了核心动力,构成了城市的核心竞争力。创意城市中创意人才所崇尚的融工作与生活于一体的新型生活方式也潜移默化地改变了城市的空间规划思路,这也推动创意城市形成一流的城市基础设施、宜居的生活环境、宽容的城市氛围、多元的城市文化和良好的城市形象,构成城市除经济以外的强大竞争力。

二、创意城市建设的理念是人本、创新与包容性

创意城市建设的理念可基本归纳为人本、创新和包容性,正是由于这些理念形成的创造力为城市和地区的经济发展提供了源源不断的新产品、新技艺、新思

想及新创意,成为城市持续发展的不竭动力。

创意城市的人本理念基于人的创造力。创意城市能够有效地将人的创造力转化为推动城市发展的生产力,英国经济学家坎农认为,创意城市就是"人的城市",城市基本单元不是道路、桥梁、房屋,而是技术员、工程师、教师、艺术家等,以及这些人的创意,城市的未来应依靠人的创意和创造力去增强城市竞争力。在人和城市的相互关系中,人创造了城市,城市的发展离不开人的创造力,宜居的城市更吸引人。本章认为,创意城市应更核心地体现在对人的多种关注上,这里的人不仅包括创意者,也包括城市内外的消费者(包括旅游者)和城市的管理者。

创意城市本身就是由创新驱动而形成的。创意城市的创新理念首先倡导从主要依赖自然客体资源的发展转向开发人类主体资源的发展,从主要依赖有形的、物质性硬要素转向充分利用无形的、文化性软要素的发展。① 创意城市的创新还打破了部门分割、行业分割的传统格局,跨边界整合城市的经济资源、社会资源、文化资源,通过促进各行各业的融合互动,强化创意价值对城市社会经济各个领域的广泛渗透与辐射,实现跨界融合"1 + 1 > 2"的溢出效应。与此同时,城市不同主体单元之间的协同创新与集成创新形成各部门各产业协同发展的综合体,政府、企业、社团、个人多赢合作的利益共同体等,这些新型产业组织体构成城市运营的创新活力,能够有效地将人的创造力转化为推动城市发展的生产力。

创意城市的包容性是形成创新的基础。在著名的"3T"理论中,佛罗里达认为包容是让一地能够聚集科技与人才的关键要素,能够接纳各种不同族群的城市,能够汇集多样人才并且让民众尽情发挥创意能量。包容性鼓励城市内部产生创新思想,激励城市居民的自我意识和独立性,让每个人对城市都有归属感和参与度,都觉得创新与自己息息相关,自己是城市整体不可分割的一部分。创意城市的包容性嵌入了城市运行的肌理,形成了宽容、宽松和民主的城市氛围,形成了具备迎合城市文化多元性和多样性需求的环境,能够集聚各种创意生产、生活要素,吸引创意者与企业、大学、研究机构扎堆,促进创意人才、企业和创意产业的交流、融合,也建立起打开通往世界各地的创意合作通道。

---

① 王慧敏. 创意城市的创新理念、模式与路径 [J]. 社会科学,2010(11).

第二节 新加坡构建创意城市的实践

位于东南亚的新加坡是一个自然资源严重匮乏的城市国家，国土面积714.3平方千米，人口550万，相当于我国一个中等规模的城市，却是公认的"伟大而卓越的城市""世界级的创意城市"。新加坡具有与我国相同的儒家文化背景，其独特的政府引导和市场运作相结合的城市发展模式一直是我国各地政府学习、模仿的对象，特别是在产业园区建设、运营方面，甚至与新加坡达成合作。那么新加坡在创意城市建设方面有哪些经验可供我国城市参考和借鉴呢？

一、新加坡创意城市建设的起源

新加坡是举世闻名的"花园城市"，虽然国土狭小、资源有限，但自1965年独立以来，凭借其开放的经济体系和高效廉洁的政府运作，获得了国力的迅速提升，并且多次成功抵御了世界经济的震荡。这源于其独特的经济政治模式——新加坡的精英政府和强人统治，在国家经济发展的每一个环节都起着至关重要的领航作用，尤其在经济转型的关键时刻。关于新加坡创意城市建设的研究，有部分学者认为新加坡的创意城市建设源于"花园城市"建设时期[①]，有学者认为源于20世纪80年代末的文化产业发展[②]。本章所研究的新加坡创意城市建设是集中在21世纪之后，以2000年新加坡有关政府部门提出《文艺复兴城市报告》和2002年提出"再造新加坡"为起点，这也是从新加坡的国家战略转型来划分——创意城市建设是这个城市国家应对经济全球化挑战和城市转

[①] 王克婴，王艳.新加坡的创意城市建设及其借鉴意义[J].理论与现代化，2009（6）.

[②] 庞英姿.新加坡文化产业发展的经验及启示[J].东南亚南亚研究，2013（4）.

型而做出的新发展战略。

在 20 世纪 60 年代的建国初期，新加坡采取了吸引外资快速工业化的策略，政府通过对税收、基础设施建设等方面的支持助推新加坡快速繁荣。到 20 世纪 80 年代，制造业瓶颈凸显，新加坡政府开始瞄准跨国公司区域总部功能，通过一系列新产业政策，把新加坡建设成东亚举足轻重的全球城市。20 世纪 90 年代以后，又瞄准电子通信技术以及消费导向经济趋势，在不放弃金融贸易这些基本城市功能的情况下，开始重点发展高科技、电子商务、国际化教育、医疗及旅游服务。进入 21 世纪以后，新加坡认为原有的投资驱动型发展模式已经到了极限，意识到文化产业对后工业后现代城市的重要性，于是提出了建设全球文化艺术城市的愿景和"再造新加坡"的口号。打造全球化城市文化是"再造新加坡"战略的重要组成部分，以期把新加坡建设成为以文化作为创意经济和城市发展驱动力的新型城市国家。于是，新加坡进入到集中建设创意城市的时期，创意产业也成为推动经济快速增长的重要引擎之一。

二、新加坡创意城市建设的具体措施

在创意城市实践过程中，新加坡政府一方面制定了从顶层设计到具体落实的引导政策，另一方面调整、整合国家部门，通过不同部门的分工合作促进政策具体实施。比如，新加坡信息与艺术部（Ministry of Information and Arts）关注艺术的人文社会价值，主要责任是培养当地艺术人才、培植艺术机构、策划公共艺术活动与节日等；工贸部（Ministry of Tradeand Industry）则主要关注艺术的经济性，通过培养艺术文化企业、吸引外资、推销新加坡作为文化艺术中心的新形象等为新加坡经济注入新活力。

（一）以"文艺复兴"作为创意城市构建的顶层设计

在以城市文化建设作为切入点构建的国际知名创意城市中，新加坡是亚洲地区的典范。2000 年，新加坡信息与艺术部提出《文艺复兴城市报告：文艺复兴新加坡的文化与艺术》，报告列出近期的发展目标是要成为像澳大利亚墨尔本和中国香港这样的地区性文化中心，其远期目标是要成为像英国伦敦、美国纽约这样的世界级文化资本都市，并提出要从文化硬件基础建设阶段进入到文化软件建设阶段。为此，新加坡内阁于当年批准了《文艺复兴城市计划》，开始以"文艺复兴"作为创意城市构建的顶层设计，从规划着手提升整个国家城市的文化实力和创新能力。到目前为止，这一计划已进行了三个阶段。[①]

1. "文艺复兴城市"1.0阶段和2.0阶段

第一阶段的《文艺复兴城市计划》规划时期为2000—2004年，目的是将新加坡发展成为"有特色的全球文化城市"，使新加坡因文化艺术而成为适于工作、生活和休闲的地方；并结合"再造新加坡"的目标，推行"艺术无处不在""巧思妙想计划""艺术之旅计划""知识新加坡计划"等计划。第二阶段规划时期为2005—2007年，被整合作为新加坡"创意产业发展战略"的重要部分，建议政府公共部门集中资源发展文化艺术基础建设，推动信息与艺术部、新加坡旅游局等部门共同协作，共同开发文化艺术活动的经济潜力，并建议发展创意市镇以整合艺术、商业及科技的概念来规划地方发展，同时推广艺术与文化创业精神（见表12-1）。

表12-1 "文艺复兴城市"1.0阶段和2.0阶段的主要特点

	"文艺复兴城市"1.0阶段 （2000—2004年）	"文艺复兴城市"2.0阶段 （2005—2007年）
核心建设内容	"艺术的全球城市"：通过文化基础设施的建设与充分利用，将新加坡建成为"具备艺术特长的全球城市"，即通过艺术与文化，使新加坡成为一座具有就业、生活、娱乐吸引力的魅力之城	文化产业塑造：被整合作为新加坡"创意产业发展战略"的重要部分，以此为契机发展艺术与文化
具体目标	（1）提升新加坡文化艺术的整体活跃度； （2）建立受众群体； （3）建设专业化的本土艺术人才库以及发展艺术型企业； （4）提升新加坡作为艺术枢纽城市的形象	在第一阶段计划的基础上，增加： （1）发展新艺术，提升文化产业能力； （2）建立更为广泛的艺术文化与商业的伙伴关系； （3）使新加坡的艺术国际化

[①] 搜狐网.新加坡"文艺复兴"16年："文化沙漠"到"文化之都"的转身[EB/OL].(2017-03-03)[2019-02-03].https：//www.sohu.com/a/127758591_488901.

续表

	"文艺复兴城市"1.0 阶段 （2000—2004 年）	"文艺复兴城市"2.0 阶段 （2005—2007 年）
具体措施	（1）为主要艺术型企业提供 1～2 年的重点资助；以培训资助、奖学金、助学金等方式，为艺术家及艺术团体提供资助 （2）进行艺术与传统文化建设 （3）增加重要艺术节的举办，如榴梿剧场组织举办的"亚洲艺术市场"项目等	（1）从附加值与就业角度关注艺术与文化对经济的贡献度 （2）提供商业艺术计划的激励措施 （3）对艺术市场与国际活动的参与，如威尼斯双年展、法兰克福书展等 （4）通过核心艺术活动向世界进行新加坡历史的推介
资金支持	每年向国家艺术委员会及国家文化遗产部拨付 1000 万美元的专项资金	2005—2006 年，每年专项资金 1200 万美元；2007 年专项资金 1550 万美元

2. "文艺复兴城市"3.0 阶段

2008 年，新加坡在第一、第二阶段实施效果的基础上，总结了文化建设在未来面临的主要机遇和挑战，制订了"文艺复兴城市"第三阶段计划，主要内容包括"卓越的文化内容""动态的文化生态"和"参与性的社区"三方面，将新加坡打造成为"国际人才的活力集聚地"和"包容性与凝聚性人口的最佳居住地"（见表 12-2）。为

表 12-2 "文艺复兴城市"计划 3.0 主要内容

	主要建设内容
卓越的文化内容	（1）打造世界级、具备强大艺术与文化提供给能力的"文化与娱乐核心区" （2）使新加坡成为亚洲与本土原创文化内容的最佳选择地 （3）进行"新加坡制造"文化产品的全球推介
动态的文化生态	（1）建设文化人才与文化产业集群 （2）增强艺术文化的专业化发展能力，培育艺术商业及艺术专业服务业 （3）增强文化产业与艺术高等教育和中级教育培训之间的联系
参与性的社区	（1）提高人文艺术的普及教育 （2）通过艺术与文化增强社区纽带作用及自豪感 （3）推动更多的私人慈善与资助投入艺术文化领域 （4）通过研究与沟通提升艺术文化倡导力

实施该计划，新加坡将在5年中投资1.16亿美元，并配合实施"艺术发展计划"促进艺术产业的发展，打造"独一无二的全球艺术之都"。

（二）以文化创意产业作为创意城市发展的核心驱动

产业是城市发展的动力系统，新加坡政府将创意产业作为21世纪的战略产业，努力使新加坡成为"新亚洲创意中心"和"全球文化和设计业的中心"。2002年，新加坡政府成立了创意工作小组，发布了《创意产业发展战略》。2003年，新加坡经济检讨委员会在信息与艺术部内增设了专门负责协调创意产业发展的机构创意产业司，并分别由新加坡新闻、通信和艺术部下属的法定机构国家艺术理事会、新加坡设计理事会和媒体发展管理局组织实施传媒、设计和艺术的创意产业规划开发。新加坡还专门成立了创意产业行动委员会，由相关政府部门和社会团体组成。

1. 创意产业的三个重点领域

创意产业内涵丰富，各国创意产业发展重点不一，例如美国以发展版权产业为主，英国重在发展专业化研究，日韩侧重发展动漫产业。新加坡则以发展创意服务为其蓝海战略，确定了文化艺术、设计和媒体为创意产业的三个重点领域，并提出"文艺复兴城市""设计新加坡"及"媒体21"三大发展策略。其中，"文艺复兴城市"旨在将新加坡发展成为拥有众多高度创新思维人才和文化艺术型人才的国际都市；"设计新加坡"旨在通过对产品、内容和服务的设计包装，将新加坡打造成为在工作、生活和娱乐等各方面都渗透着设计意识与创造力的中心城市；"媒体21"是指将新加坡发展成具有很强辐射能力的媒体城市，发展高附加价值的媒体研发与制作，同时定位为媒体的交易中心，以各种优惠方案吸引媒体资本进驻。从产业价值链来体现，则是以文化艺术为基础，通过设计、科技加工包装，再经由媒体与资讯通信的融合与传输，在知识产权的保护下产生复制与价值转移并形成创意经济。

2. 重点领域产业政策和措施

为推动创意发展，新加坡在资金支持、产业政策、市场开放以及国际贸易方面采取了一系列措施。在资金支持方面，2003—2008年新加坡政府对创意产业投入2亿新元；2006—2010年，投入5亿新元发展数字媒体产业；2011—2015年，每年投入3.65亿新元到文化艺术产业。产业政策方面，三大重点领域分别制定了更为详细的专项政策（见表12-3）。市场准入方面，由严格控制向放松管制方向发展，促进市场全面竞争。例如新加坡报业和广播电视业在2000年以前分别由新加坡报业控股和新传媒集团控制，为了迎接全球媒体集团化、多媒体融合发展趋势的挑战，新加坡政府于2000年6月通过政策允许两大媒体集团互相进入对方的业务领域。新加坡还不断在海外举办推介活动吸引全球资本，同时政府还帮助在新加坡注册成立的各类创意公司积极开拓海外市场，并借助多语环境和在教育、商业、金融及信息技术等方面的优势，通过与外国专家、伙伴的合作，签订更多的双边共同开发协定，加大产品出口促销力度。新加坡创意产业集群分层图见图12-1。

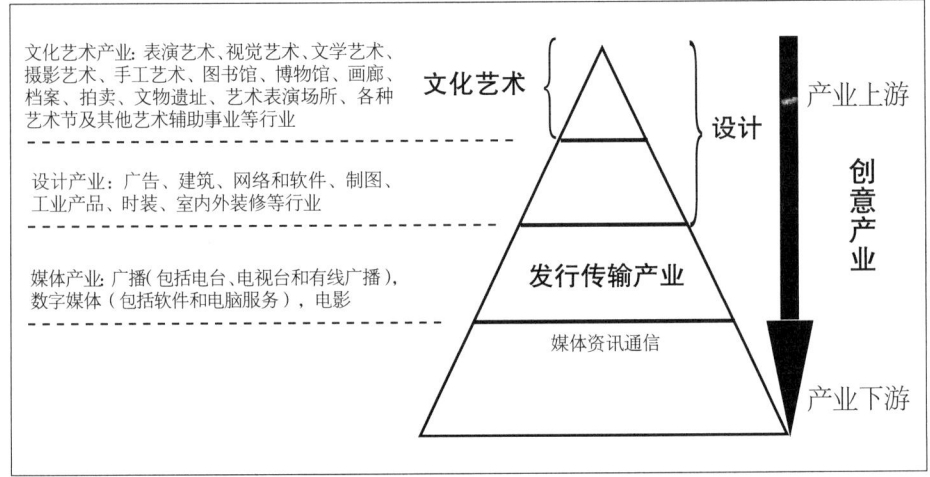

图12-1 新加坡创意产业集群分层图

表12-3 创意产业三大领域部分产业政策和发展措施

三大领域	产业政策和措施
文化艺术	（1）设立"艺术创作基金"，为艺术家和艺术团体的作品孵化提供资金支持鼓励艺术创业，提供全球资讯管理服务，艺术、古迹和图书馆咨询服务，艺术交易服务等 （2）充分开发、利用新加坡古迹资源，发展文化旅游等 （3）推进政府购买服务，在公众场合和公众节日积极采用艺术和文化作品来装扮和设计

续表

三大领域	产业政策和措施
设计	（1）设立代表新加坡设计界最高水平的国家级设计机构——新加坡设计理事会，全面策划国家设计方面的课题，鼓励和推广杰出设计 （2）加强国际交流，帮助新加坡打入国际设计界，将大型国际设计活动"请进来"，让新加坡设计"走出去"等
媒体业	（1）推动新加坡广播管理局、影片及刊物局和新加坡电影委员会合并，成立媒体发展管理局，专门指导媒体业发展 （2）建立高水准"媒体开发区"，为技术人才提供便利的实验条件，营造有利于工作、生活、娱乐和学习的环境 （3）施行税务奖励机制，鼓励企业或个人对核心媒体版权进行投资 （4）与私人公司共同建立"媒体借贷基金"，吸引风险资本家和媒体信贷公司开发新加坡媒体业 （5）建立媒体版权注册机制等

（三）将聚集创意阶层作为构建创意城市的重要手段

美国城市经济学家理查德·佛罗里达认为："成功的创意城市可以通过吸引杰出的工作团队来达到吸引投资的目的。"创意城市的核心竞争力在于创意人才在城市聚集而成的创意阶层和风格独特充满智慧的灵性创意。新加坡非常重视创意阶层的培养和聚集，一方面，通过教育、培训体系设置培养各类创意产业人才；另一方面，通过各种人才计划、创意社群组织的培育，广泛吸纳、招揽其他国家和地区的创意人才。

1. 建立创意人才专业教育体系

新加坡根据创意才能发展的不同程度，从各级教育体系入手，在教育中融入与艺术、设计和媒体相关的内容，建立了从小学教育开始的渐进式创意产业教育体系。同时，培养具有专业热忱的老师，把艺术、设计和媒体等相关内容巧妙地编进教育课程里，帮助学生在更有新意的环境下学习，在更开阔的思维范围内思考。2007年，新加坡专门出资8000万新元开办国家级的艺术学校，每年招收1200名介于13～18岁有艺术才华的青少年。在高等教育体系，新加坡许多大专院校都增设了创意产业课程，一些大学还设立了音乐学院和人文学院。新加坡还积极推进与伦敦皇家艺术学院、洛杉矶巴沙迪那艺术中心、麻省理工学院媒体实验室等国际顶尖学术研究机构进行广泛合作，设立相应学位，建立媒体实验室，着力培养高级人才。2013年起，新加坡媒体发展局5年内共投入1500万美元用于"创意人才资助计划"。

2. 发现、培养和吸纳创意专才

除了正规教育培养创意人才，新加坡还注重创意人才的发现和职业培训。各类国家艺术比赛和奖项是新加坡发现人才的一个重要平台，如文化艺术方面的全国中印音乐比赛、金笔奖以及全国艺术展览锁定有才华的青年音乐家、作家和艺术家，设计方面的国家级奖项"总统设计奖"表扬与肯定本地建筑界、时装界、工业与产品设计界杰出的设计和设计师。新加坡国家艺术理事会、信息与艺术部与劳动力发展局共同制定的"创意产业劳动力技能职业资格系统框架"，覆盖创意产业的技能标准发展、评估和课程，有助于新加坡在创意生态体系中培养一群有潜力的从业人员，尤其是在艺术教育、技能和商业能力领域。此外，新加坡还通过提供高额助学金、降低使用外国劳工税、放松跨国婚姻限制、完善社会保障体系等措施，广泛吸纳、招揽其他国家和地区的创意人才。例如，新加坡的"培养特殊人才计划"为世界各国的艺术家们举办一系列大师班、培训课程、导师计划和奖学金，促进交流及专业艺术能力发展，并使艺术人才获得参与海外奖学金及其他能力发展计划的机会。

3. 重视创意社群组织和社区发展

新加坡政府对创意社群组织的发展也十分重视。新加坡共有500多个民间艺术表演团体，政府每年拨1000万新元给国家艺术理事会，采取演出补贴、剧场补贴等方式扶持这些艺术表演团体的发展，以及对一些有艺术追求、充满敬业精神的非营利性的艺术公司进行一年或两年的资金支持。此外，新加坡还从2005年第二季度起推行"创意社区计划"，通过政府、社区发展理事会和私人企业合作，在三年内投资1000万新币，推广艺术项目，将艺术、文化、设计、商业和技术等与社区发展规划相结合，把艺术带进社区。"创意社区计划"为具有创意的点子提供不同程度的帮助，包括计划推行、品牌建立、营销以及联合资助等，最大限度地释放个人的创造才能和创造热情。该计划首先在某一社区进行试点，最终推广到所有社区，使整个新加坡变得更有创意，社会关系更加紧密和融洽。

（四）使多元文化特色成为创意城市建设的创新元素

新加坡虽国土狭小，但却是一个具有多种族、多元文化的国家。在550万人口中，除华人占七成外，还有马来人、印度人和欧亚裔等不同族群。新加坡对多元种族的社会文化给予了很强的包容性，在立国之初就确定了各族平等的政策。新加坡的多元文化特色首先体现在官方语言设置上，马来语是新加坡的普通话，英语、汉语、马来语、泰米尔语同为官方语言；其次体现在公共假日的设置上，新加坡每年有11天法定节假日，除元旦、国际劳动节和国庆节外，其余8天都是民族和宗教节日，如华人春节、佛教的佛诞日、伊斯兰教的开斋节和哈芝节（宰牲节）、基督教的复活节和圣诞节，以及印度教的排灯节等。另外，各民族在长期生活中还形成了各具特色的生活方式、风俗习惯、建筑风格等。

丰富的文化为新加坡创意城市建设提供了创新元素，对城市规划、建筑艺术、演艺娱乐、文化旅游、工艺与设计、时尚与音乐、视觉艺术等不同领域带来深厚影响。例如，配合文化旅游开发的节庆活动已成为新加坡演绎多元文化的重要活动，在农历新年、中秋节、开斋节、屠妖节、蹈火节等节假日，政府支持不同族群举办丰富多彩的民族、民俗活动，政府还举办艺术节、美食节、时尚节、马会、世界名厨峰会、妆艺大游行等庆祝活动，吸引众多海内外游客参加。同时，新加坡旅游局还专门拨款500万新币设立了一项起步基金，鼓励商家积极发挥创意，主办能吸引游客的临时活动，让新加坡每月都有节庆，都有吸引人的活动，将新加坡打造成为一个好玩又有文化气息的国际都会。多元文化在城市形象中也得到了充分展示，搬迁腾出的最高法院和市政厅等具有殖民地特色的建筑被改造成为国家美术馆，加上已改为文化设施的旧国会大厦、滨海湾艺术中心和新建的滨海湾金沙艺术科学博物馆等，形成了新加坡的文化中心区域。

三、新加坡创意城市建设的成效

新加坡通过一系列发展计划和产业政策的实施，在2002—2011年的十年间创

"文化创意 +" 产城融合发展

意城市建设取得了显著成效[①]，从给人"文化沙漠"的印象逐渐成为亚洲创意产业枢纽，并极大提升了城市创新能力。创意城市的建设和创意产业的发展也带动了新加坡国际竞争力的提升，根据世界经济论坛《2012—2013 全球竞争力报告》，新加坡全球竞争力排名第二，仅次于瑞士。除此之外，新加坡的文化艺术、创意产业在国际知名度和竞争力方面也取得了显著成效。

（一）提高了新加坡文化艺术的国际认知度

新加坡在拥有世界级城市基础设施的基础上，借助文化建设极大提升了在艺术活动、文艺欣赏、博物馆建设等文化建设方面的水平及能级，有力地吸引了人才、资金，提高了国际关注度，在国际排名中被认定为最宜居的城市之一。新加坡共有各类博物馆、艺术场馆 56 个，其中榴梿剧场、亚洲文明博物馆、新加坡艺术博物馆、国家博物馆等文化艺术机构，展览与演出被《国际先驱论坛》《时代周刊》等国际著名媒体广为报道。2002 年 10 月建成的滨海艺术中心更是新加坡首屈一指的艺术表演场地，已成为国际艺术城市的标志性建筑，全世界最繁忙的艺术中心之一。新加坡也成为国际知名艺人、艺术公司亚太巡回演出的必经之地，各类文化艺术活动吸引了大量海外游客到新加坡旅游观光，新加坡艺术节成为亚洲最具影响力的艺术节之一。

（二）文化创意产业的经济贡献不断增强

新加坡的文化创意产业形成了文化艺术、传媒和设计三大产业集群，创意产业增加值由 2000 年的 29.77 亿新币增长到 2010 年的 118 亿美元，占 GDP 的比例也由 2000 年的 1.9% 增长到 3.8%；从业人员实现大幅增长，由 2000 年的 4.685 万人增长到 14 万多人，占全国总就业人数的 4.8%。其中，文化艺术产业增加值 2010 年达 12.8 亿美元，企业 856 家，是 2003 年的 2.8 倍，从业人员达 24863 人；传媒产业增加值达 66 亿美元，增长尤其显著，自 2005 年起年均增长 25%，从业人员达 68300 人；设计产业拥有约 5500 家充满活力的设计公司，成为新加坡创意

---

① 本文选取 2000—2011 年期间（李光耀时代）的数据作为新加坡创意文化建设的成效显示，随着李光耀在 2011 年退出新加坡内阁，李光耀时代终结后新加坡的经济政治进入另一个阶段。

产业的主要驱动力，2010年增加值39.2亿美元，从业人员达47300人（以上数据来自《2012年新加坡文化统计》和新加坡媒体发展局的《年度报告2011/2012》，不包含文化分销产业数据）。

（三）文化创意产业国际竞争力不断提升

新加坡利用东西方文化融合优势，把亚洲与世界其他国家连接起来，合作打造具有影响力的亚洲创意品牌。目前，新加坡的建筑设计、广告设计、平面设计、时装设计、出版印刷在国际市场上具有较高知名度，并占据了一定市场份额。新加坡的传媒产业已居于世界一流水平，其中以动漫和游戏产业为首的数字媒体产业发展尤为抢眼，增长迅速，在国际竞争中具有一席之地，也吸引了众多世界知名数字媒体公司进驻新加坡，包括日本电玩制作公司光荣-TECMO、美国卢卡斯电影公司、英国著名视觉特效工作室Double Negative、艺电Electronic Arts和欧洲最大游戏工作室Ubisoft等。新加坡的设计人才也具有相当强的竞争力，由剑桥大学领导的一组英国大学针对12个国家和地区（包括美国、韩国、日本、加拿大、英国、中国香港、挪威等）进行的一项调查显示[1]，新加坡在这些国家和地区中，设计能力对比国家人口和经济的排行榜名列第一。新加坡的设计人才优势，以及重视知识产权的产业环境，促使许多国外公司选择到新加坡设立设计中心。

总体而言，新加坡的创意城市建设是为实现城市转型、提升国家竞争力而做出的一项国家战略，因此从如何培育创意活力、支持创意城市发展的角度制定了从国家到社区的一系列战略规划和行动计划。这其中有两条主线，一是将文化作为提升整个国家创意能力的基底，从顶层设计上加以重视并落实；二是很好地协调了创意产业与创意城市的关系——从培育创意产业出发，因地制宜地构建创新体系，推动创意产业的形成和发展，创意产业又以其强大的创造性激发了城市的活力，城市再以其竞争力吸聚来自世界各国的先进要素，最终形成创意产业与创意城市之间的良性循环。同时，新加坡的文化多样性也使其更具有城市包容性特征和魅力，成为城市的内在素质和活力之源。花园城市建设也使新加坡具备较好

---

[1] 搜狐网."新加坡创意设计发展前景介绍"[EB/OL].（2016-07-26）[2019-01-28]. https：//www.sohu.com/a/108058312_200465.

的承载创意产业和人才的空间基础，不用花费更多精力在创意产业区的空间规划和建设上。这些都缩短了创意城市建设见成效的时间跨度。

新加坡的创意城市建设也存在着一些问题。从国际创意城市的发展历程来看，创意城市的形成一般是政府、产业和社会三种力量综合作用的结果，新加坡与美国、欧洲国家的创意城市相比，政府主导特色更为强烈。这一方面使得国家政策和项目投资执行力较强，迅速为新加坡经济注入新的活力；另一方面，效用主义是新加坡政府长久以来制定公共政策的指导思想，因此整体政策更多偏向文化艺术的经济性和国际化。尽管意识到文化是公民认同感的纽带和塑造地方特色的重要维度，但仍更多地重视大型艺术硬件的建设而相对忽视本土艺术人才的培养。文化底蕴不足也使新加坡未能成为文化艺术创作或制作的热点，其作用更多地只是为非本土作品的演出或展览提供舞台。

四、新加坡经验对我国城市建设的启示

与新加坡相似，我国现阶段的创意城市建设也表现出较强的政府主导特色。但我国创意城市发展的模式更多是以创意园区为主带动相关文化创意产业的发展，这种模式通常是将工业遗产地段内的土地使用功能安排为城市某种功能的延伸，或是将旧城改造与城市更新相结合，使旧城土地空间能够更好地适应并创造现代生活方式。新加坡则是更多地体现在对文化艺术的重视、制定实用的发展政策和对创意产业体系的培育，在这方面新加坡创意城市的建设为我国城市发展和产业调整提供了有益借鉴。

（一）从城市战略角度出发，制定有针对性的战略规划和产业政策

创意城市归根结底是一种城市发展模式，需要协调好文化、创意（创新）、创意产业和创意城市之间的关系，而并非是有了创意产业就是创意城市。各地建设创意城市，应对人文、自然、产业等资源进行全盘性的调查，在对资源与特色、区域竞争比较优势、创意产业领域和发展趋势有清醒认识的基础上，从城市发展战略上把握"塑造哪一类型的城市文化基底""选择以何种产业为主的创意产业体系""力图打造什么样的城市形象"，找到具有可操作性的突破口，准确定位，从而制定具有综合效益、可持续发展的城市战略规划和产业规划。在这一过程中，

要重视文化对城市创意产业的导向作用，从法律和制度方面营造有利于创意产业发展的产业环境。在产业规划下，有针对性地制定产业培育、财税支持、人才、融资等政策，以及配套资金、扩大市场开放度等措施。

（二）明确政府角色，有限度地介入战略实施环节和行动计划

虽然新加坡在创意产业发展中体现出了政府主导的特色，但主要是在战略层面上的全方面指引，在战略实施环节，政府介入的重点在于营造产业发展的良好空间，包括提供公平、透明的竞争环境，以及营造良好的生态环境吸引人才等。而我国很多地方政府近年来重视创意产业发展体现出功利主义倾向思维，盲目兴建了许多创意产业园，又难以吸引到创意项目，反而不利于创意产业的正常发展。创意产业的发展有其自身规律，各地政府可以组建成立创意工作小组，对发展战略和目标体系进行全面分解，制定具有可操作性的行动计划和实施步骤。但主要还是发挥引导性职能，在研发设施投资与共享、风险投资体制健全、知识产权保护和良好生活环境营造等基础环节做好保障，在加快技术创新、新技术的产业化应用、创意领军人才的培养、创造性思维氛围的改善、文化根植性和创造力发挥等方面创造环境，而不是介入到投资和产业活动本身。

（三）培育创意阶层，营造吸引创意人才和非政府组织的外部环境

对于一个城市来说，无法做到像新加坡那样以全国之力打造从基础教育到高等教育的创意人才教育体系，但也可以通过院校教育、职业教育培养各类创意产业人才，在城市院校中设立相关专业，加强与顶尖学校的合作，建立相关专业实验室，鼓励专业人士互相合作并加强与国外专家的交流，利用网络、职业教育培训机构进行专业资格培训，为创意产业的发展提供人力支撑。同时，更要注重对各种创意人才、创意社群组织的吸纳和招揽，通过高品质宜居城市建设，增加城市多样化物质和精神文化供给的能力（如增加博物馆、知名学校和医院、影院等高品质城市服务产品），尽快建立吸引各类创意人才集聚的城市人文环境、生态环境和工作环境。并配合人才政策和计划的实施，对创意产业精英制定诸如提供创业资金、股权分配、子女就学服务等优惠政策，以增加对国内外优秀人才的吸引力。此外，城市还可以通过一些节庆活动的举办、文化创意产品和公共服务采购等方式，引入、培育各种非政府组织，为创意阶层

塑造宽松的发展环境。

（四）重视传统文化，注重区域文化资源的利用和特色产业的发展

区域竞争优势的形成，往往根植于特色，独具特色的文化资源为创意产业发展提供了重要基础条件，新加坡将传统特色文化与现代文化完美结合的经验非常值得我们借鉴。中国作为一个具有悠久历史的国家，拥有众多的文化资源和遗产，国内许多城市都有着丰富的传统文化和具有悠久历史的特色产业，有些城市还有别具特色的少数民族文化，为创意城市和创意产业的发展提供了深厚基底和素材。在文化资源的开发利用方面，要积极推进资源整合，既要尊重历史传统，也要与时俱进与时代结合，核心是突出地方特色、进行深度开发，比如在产业开发中，将民间手工艺融传统特色与现代需求为一体，开发新产品，加强文化创意包装，培养新消费主体。在此基础上，要加强文化资源的转化能力，积极培育具有可开发价值的 IP[①]，不断开发衍生产品，提高创意产品和服务的附加值。

[①] IP 是 Intellectual Property 的缩写，译作智慧财产权或是知识产权，特指具有长期生命力和商业价值的跨媒介内容运营。IP 的核心就是内容，从 IP 的表层到核心，可以分为呈现形式、故事、世界观和价值观四个层级。

第三节　展望创意城市的未来：新技术浪潮中的诗意栖居

我们这一代人正在经历一个前所未见的加速时代，技术进步正在按照摩尔定律的预测呈指数型演进，经过半个多世纪的数据技术积累以及数字基础设施的成熟，人工智能终于迎来了其发展的黄金时代，新的科技趋势超越了大多数人的感觉判断，正像熔岩一样吞噬着它所触达的一切领域。以移动互联网为代表的一系列新技术不仅是简单的物理变化，而且带来了关于未来世界的"化学反应"，改变了人、物和信息流动的组织方式，带来了空间上的重构，其本质是对人类活动与时空关系的巨大改变。

展望未来，当人工智能社会到来后，创意劳动也许是我们人类不会被替代的重要特质，而人类从大量繁杂的标准化劳动中解放出来后，在高度发达的生产力水平下，也许真正能够实现诗意地栖居，既有眼前丰富的物质财富，又有精神上的诗与远方。因为很多过去我们不得不花费大量时间习得的技能，在人工智能的辅助下可能不再需要了，例如对另一门语言的学习，相信这样不仅不会使语言能力退化，反而会促进不同族群的互相理解及交往，碰撞出更加具有创意的事物。有了更加便捷的交通工具，人们反而节省出更多的时间来锻炼，追求形体之美；超级智能的信息获取工具及灵感捕捉技术，更加会激发和发展人们稍纵即逝的创意念头。

人们关于创意城市的讨论基本上会将其分解到各个具备创意元素的领域中，美术、出版、音乐、戏剧、电影、设计、建筑，甚至软件开发等，以及创意街区、创意园区等载体，这些元素互相交织构成城市的创意产业。人们对创意城市的形成机理尚在探讨之中，有的城市诸如佛罗伦萨、米兰等一向都在标识自己处在创意城市队列，有的城市则是由于重型工业的外迁、轻型工业在城市内重新崛起，或者城市中废弃区域的改造逐渐聚集了新型的创意从业群体。就像至今仍在蓬勃发展的互联网贯穿了包括创意产业在内的所有行业，人工智能也将成为连接和整合创意城市组成要素的关键技术。可以假想一下，虽然短期内无法设想计算机绘制美术作品，但是美术创作者利用现有技术制作城市雕塑、改造城市空间、塑造人们的审美等，都是一个综合复杂的过程。因此，我们需要将讨论的维度扩大到更多的关联领域，尤其是新趋势、新技术的发展与创意元素的关系。

另一个现象是当前创意城市的讨论更多地关注城市空间的再利用和街区空间整合，以及促进不同创意空间里的群体沟通。一个显著的变化正在萌芽，就是我们工作的楼宇可能既是展厅，也是工作场所或者其他多种用途的场所，生活空间和工作空间在小范围内实现整合，大大缩短人们的通勤时间，在一个小区域内，创意元素的界限趋向融合。因此，参与者应更加积极地思考和参与到前沿科技领域，了解新趋势对产业的影响作用机理，从创意产业内生动力角度提出更有落地效果的建议，让创意城市的发展能够持续为城市整体发展提供动力。

越来越高的玻璃外立面写字楼、宽敞但仍然拥堵的高速环路，以及充斥街头巷尾的一种完全不经思考的消费主义、一排排缺乏匠心的短视平庸的住宅，这种困惑和忧虑本来会让人们生活得越发浮躁，但是人们本能的选择、无能为力的忽略或者将注意力集中到自己拥有权利的室内装修，对城市空间权利的放弃也是当前城市的现实。令人欣喜的是，人们总是保持着对世界的美好憧憬和改造的良善愿望。创意城市的诞生之初，一个积极的艺术先锋群体对城市空间用途的探索起到了极大的促进作用，创意城市某种意义上是对浸透城市肌理的消费主义的反驳，是对城市整片拆除这种肤浅思维的启发。事实上，机器改变了很多领域，改变了我们的环境及生活、工作方式，这可能是一个新的分工时代，不是人与人的分工，而是人与机器的分工，机器帮助人类工作，让人类有更多的时间从事创造性的活动，从事更多彰显人类文明的工作。技术发展了城市，解放了人类。

主要参考文献

[1] 蔡荣生，王勇. 国内外发展文化创意产业的政策研究 [J]. 科技与管理，2009.

[2] 蔡绍洪，李莉，解伏菊. 大中城市从功能城市到文化城市的可持续发展之路 [J]. 经济纵横，2010（11）.

[3] 曹如中，史健勇，郭华，等. 区域创意产业创新生态系统演进研究：动因、模型与功能划分 [J]. 经济地理，2015，35（2）：107-113.

[4] 陈然，张鸿雁. 特色文化视角下的城市软实力建构：以沪宁杭为例 [J]. 城市问题，2014（12）：17-24.

[5] 陈慰，巫志南. 从功能城市到文化城市："欧洲文化之都"公共文化建设研究 [J]. 山东大学学报，2017（5）.

[6] 程恩富. 文化经济学通论 [M]. 上海：上海财经大学出版社，1999.

[7] 戴钰. 文化产业空间集聚研究：以湖南地区为例 [D]. 武汉：武汉理工大学，2012.

[8] 邓安球. 文化产业发展理论研究：兼论湖南文化产业发展 [D]. 南昌：江西财经大学，2009.

[9] 范娟霞. 文化产业竞争力评价指标体系研究 [D]. 长沙：湖南大学，2008.

[10] 高红岩. 文化创意产业的政策创新内涵研究 [J]. 中国软科学，2010（6）：

80-86.

[11] 何序君, 陈沧杰. 城市规划视角下的城市文化建设研究述评及展望[J]. 规划师, 2012, 28(10): 96-100.

[12] 季松. 消费时代城市空间的生产与消费[J]. 城市规划, 2010, 34(7): 17-22.

[13] 姜鹏. 艺术·文化·城市: 基于现实选择的认知片段[J]. 北京规划建设, 2016(11).

[14] 姜鹏. 只有爱可以穿越时空, 十议北京严控城市规模: 从全球城市发展的周期性与规律性的角度[J]. 北京规划建设, 2017(11).

[15] 李成彬, 罗守贵. 创意城市与人类福祉: 一个经济哲学的视角[J]. 上海财经大学学报, 2016, 18(4): 17-26.

[16] 李建波, 张京祥. 中西方城市更新演化比较研究[J]. 城市问题, 2003(5): 68-71.

[17] 李蕾蕾. 媒介—空间辩证法: 创意城市理论新解[J]. 人文地理, 2012(4): 44-48.

[18] 李明超. 英国创意城市兴起的基础与启示[J]. 国际城市规划, 2010(25).

[19] 梁学成. 产城融合视域下文化产业园区与城市建设互动发展影响因素研究[J]. 中国软科学, 2017(1): 93-102.

[20] 刘春成. 城市隐秩序: 复杂适应系统理论的城市应用[M]. 北京: 社会科学文献出版社, 2017.

[21] 刘春成. 城市的崛起[M]. 北京: 中央文献出版社, 2012.

[22] 刘国强. 世界有关国家文化产业发展策略[J]. 中国党政干部论坛, 2010(1): 19-20.

[23] 刘平. 文化创意驱动城市转型发展的模式及作用机制[J]. 社会科学, 2012(7): 40-48.

[24] 刘晓惠, 张越. 城市消极空间的活力再造[J]. 城市建筑, 2011(3): 119-121.

[25] 刘新静. 文化城市研究的现状及深化路径[J]. 上海师范大学学报, 2012(6).

[26] 刘易斯·芒福德. 城市文化[M]. 宋俊岭, 李翔宁, 周鸣浩, 译. 北京:

建筑工业出版社，2005.

［27］迈克·费瑟斯通.消费文化与后现代主义［M］.刘精明，译.南京：译林出版社，2000.

［28］苗东升.文化系统论要略：兼谈文化复杂性（一）［J］.系统科学学报，2012（4）：1-6.

［29］牛维麟.国际文化创意产业园区发展研究报告［M］.北京：中国人民大学出版社，2007.

［30］庞英姿.新加坡文化产业发展的经验及启示［J］.东南亚南亚研究，2013（4）.

［31］任志远.略论城市文化发展与城市规划［J］.上海城市规划，2012（3）.

［32］单霁翔.从"功能城市"走向"文化城市"［J］.中国名城，2008（1）.

［33］苏雪串.世界城市的理论与实践及其对北京的启示［M］.北京：北京出版社，2010.

［34］田新玲.文化产业语境中创意形态论［J］.科技管理研究，2012，32（24）：247-250.

［35］汪明峰.空间的流变与折叠：互联网时代的城市与区域转型［J］.南京社会科学，2016（10）：50-56.

［36］王晖.北京市与纽约市文化创意产业集聚区比较研究［J］.北京社会科学，2010（6）.

［37］王慧敏.创意城市的创新理念、模式与路径［J］.社会科学，2010（11）.

［38］王军峰.场景化思维：重建场景、用户与服务连接［J］.新闻与写作，2017（2）：97-99.

［39］王克婴，王艳.新加坡的创意城市建设及其借鉴意义［J］.理论与现代化，2009（6）.

［40］王克婴.比较视域的国际创意城市发展模式研究［J］.社会学研究，2010（4）.

［41］王丽娟.芒福德的城市文化思想研究综述［J］.都市文化研究，2010（1）：144-168.

［42］王林生."文化城市"理念出场的历史语境及理论内涵［J］.人文天下，2014（4）：17-23.

［43］闻瑞东.国外发达城市文化软实力的提升及启示［J］.社科纵横（新理

论版), 2011, 26 (3): 58-59.

[44] 吴军. 城市社会学研究前沿: 场景理论述评[J]. 社会学评论, 2014, 2(2): 90-95.

[45] 吴军. 流动的逻辑: 解读创新创业者大城市聚集动力[J]. 城市发展研究, 2016, 23 (8): 1-7.

[46] 吴良镛. 论中国建筑文化研究与创造的历史任务[J]. 城市规划, 2003(9).

[47] 吴声. 场景革命[M]. 北京: 机械工业出版社, 2015.

[48] 肖云. 创意产业主体的系统构成及其交互研究[J]. 中华文化论坛, 2014, 98 (6): 145-153.

[49] 徐井宏, 张红敏. 转型: 国际创新型城市案例研究[M]. 北京: 清华大学出版社, 2011.

[50] 许抄军, 刘沛林, 王良健, 等. 历史文化古城的非利用价值评估研究: 以凤凰古城为例[J]. 经济地理, 2005, 25 (2): 240-243.

[51] 薛晓光. 文化产业影响力与评价指标体系研究[D]. 石家庄: 河北理工大学, 2007.

[52] 杨雪锋, 未来. 产城融合: 实现路径及政策选择[J]. 中国名城, 2015(9): 9-13.

[53] 姚哲晖, 胡汉辉. 知识演化和创新的SECI模型之改进研究[J]. 中国软科学, 2007 (9): 118-124.

[54] 张景秋. 城市文化与城市精神: 规划中的辩证统一[J]. 规划师, 2008(11).

[55] 张丽. 新加坡文化创意产业的发展战略及其启示[J]. 大连教育学院学报, 2012 (28).

[56] 钟声. 浅谈文化创意产业与创意城市[J]. 上海城市规划, 2017 (1).

[57] 周蜀秦, 李程骅. 文化创意产业促进城市转型的机制与战略路径[J]. 江海学刊, 2013 (6): 84-90.

[58] 周烨. 文化空间集群与媒介传播: 城市文化建设的"齿轮效应"研究[D]. 杭州: 浙江大学, 2016.

[59] 朱婧达. 北京文化产业发展模式探讨[D]. 北京: 北京交通大学, 2009.

[60] 朱媛媛, 曾菊新, 韩勇, 等. 城乡文化信息流时空整合的理论体系构建[J]. 地理科学, 2016, 36 (3): 342-351.

后记

著名城市学家芒福德说,"城市是文化的容器"。城市的主要功能就是化力为形,化权能为文化,化朽物为活灵灵的艺术造型,化生物繁殖为社会创新。我们非常认同这一观点,并一直关注文化创意与城市的话题。早在2007年曾出版专著《创意照亮的空间》,从产业促进和产业发展的角度,针对九家各具特色的文化创意企业,对文化创意产业的发展模式进行归纳和总结。经过数十年的发展,文化创意产业走过了从厂房改造型空间起步,再到文化创意主题园区,直到当前文化创意与城市空间广泛融合的成长历程。文化创意产业在城市经济中扮演的角色也逐步经历了从"小比重"的补充性角色向与各产业"无边界融合"的主体性角色转变。

从这样的时代背景来看,"'文化创意+'传统产业融合发展研究系列丛书"来得非常及时——总结过去,展望未来,正当时。本分册《"文化创意+"产城融合发展》是丛书中比较特殊的一本,立足于更系统的视角来探讨文化创意与城市发展的"跨界、植入、渗透、融合、提升"等多样化路径,为我国老城可持续发展、城市空间营造、创意城市实践、特色小镇建设等提供可借鉴的思路。

本书的编著集成了不同学科领域业内人士的智慧。供稿作者从自身的研究和工作出发,将文化创意与城市融合发展中各具特点的"截面"充分展示出来,共同为我们拼贴出一幅更为完整的融合图景。在此对各位作者表示诚挚的感谢。

第一章作者为中国城市和小城镇改革发展中心规划院信息室主任姜鹏和规划

师秦静；

第二章作者为北京国研网信息股份有限公司高级项目咨询顾问刘美婵；

第三章作者为中国社会科学院研究生院财经系博士研究生吕腾捷；

第四章作者为城市中国研究院执行院长单红松；

第五章作者为中央财经大学经济学院教授苏雪串和硕士研究生李润苑；

第六章作者为中国社会科学院研究生院政府政策与公共管理系博士研究生周瑜；

第七章作者为中国城市规划设计研究院智慧城市治理中心负责人、注册城市规划师李昊；

第八章作者为北京大学城市规划与设计学院硕士研究生王宇和北京大学城市与环境学院博士研究生吴磊；

第九章作者为武汉大学城市设计学院建筑学硕士研究生徐文俊；

第十章作者为北京悦知川城乡规划有限公司总规划师、注册城乡规划师张佳雯；

第十一章作者为华夏幸福基业股份有限公司城市运营中心副总监黄经纬；

第十二章作者为北京方迪经济发展研究院高级咨询师陈瑜。

本书在较短的时间内完稿，得益于诸位作者长期的研究积累。当然，在文化创意与城市融合发展的这一宏大命题下，城市创意空间的视角主要是点状融合，对城市文化创意产业的视角是线状融合，而对于以人为中心的城市创意阶段的关注是对于面状融合的探索。我们认为，"点—线—面"的融合仍然是局部的融合，系统融合才是真正的融合。我们希望本书对关注文化创意、关注城市的读者有所助益，相信其中的不足之处也正是未来进一步研究的突破之所在。

周瑜 刘春成
2019 年 3 月